古物之美

沈从文 著

江西人民出版社
Jiangxi People's Publishing House
全国百佳出版社

目 录

古瓷记

车马记

考工记

书画记

读展子虔《游春图》

相传隋代展子虔[1]作的《游春图》，是一幅名画，它的经济价值，传说值黄金四百两。我意思可不在货币价值。这画卷的重要，实在是对于中国山水画史的桥梁意义，恰像是近年发现的硬质青釉器在青瓷史上的位置，没有它，历史即少了一个重要环节，今古接连不上。有了它，由辽阳汉墓壁画山石、通沟高句丽魏晋时壁画山石、《女史箴图》山石及传同一作者手笔的《洛神赋图》山水、北朝几件石棺山石、南朝孝子棺上刻的山水树石，及敦煌北魏前期或更早些壁画山石和麦积山壁画山石，才能和世传唐代大小李将军[2]、王维及后来荆浩[3]、关仝[4]山水画遗迹相衔接。

---

① 别名展翁，开创青绿山水之画法，被誉为“唐画之祖”。

② 指盛唐画家李思训（官右武卫大将军）、李昭道父子，均擅长青绿或金碧山水。

③ 荆浩，五代后梁画家，擅画山水。

④ 关仝（tóng），五代后梁画家，擅画关河之势，时称“关家山水”，与荆浩并称“荆关”。

这个画入故宫年月，或在明代严嵩家籍没时，或时间稍晚，约当十八世纪。流落民间却并不多久。一九二四年溥仪出宫时，带走了大约几百种旧藏贵重字画，就中即有名画一堆。照故宫溥仪起居服用日常生活看来，不像是个能欣赏字画的末世帝王，所以把这些劳什子带出宫，用意当不出二事：一换钱，托罗叔言[①]转手换日人的钱；二送礼，送日籍顾问及身边一小群遗老应时进见行礼叫一声“万岁”的赏赐。可是这些画后来大部分都给了溥杰，有些“九一八”后即流传平津，有些又在抗战胜利后，才从各方面转到当时东北接收大员手中，或陆续入关。关于这个《游春图》的旅行经验，一定还包含了一段长长故事，只可惜无一个人详悉。我从昆明随同北大返回北平时，是一九四六年夏天，这幅画在琉璃厂玉笥（sì）山房一位马掌柜手中待价而沽，想看看得有门径。时北大拟筹办个博物馆，有一笔钱可以动用，我因此前后有机会看过六次。我觉得年代似有问题，讨价又过高，未能成交。我的印象是这画虽不失为一件佳作，可是男子的衣着、女人的坐式，都可说有问题，未必出于展子虔手笔。约过一年后，画已转入张伯驹先生手里，才应燕大、清华友好请求公开展览了两次。当日展览会四十件字画中，陆机[②]《平复帖》数第一（内中有几个章草字失体，疑心是唐人摹本）。《游春图》作画幅压卷。笔者半年中有机会前后看过这画八次，可说十分幸运。凡看

① 即罗振玉，金石学家，以清代遗老自居。

② 陆机，西晋著名文学家，书法家，孙吴丞相陆逊之孙，与其弟陆云合称“二陆”。

过这个尺寸较高小横卷的人，在记忆中必留下一点印象：不能如传说动人，却会引起许多联想。尤其是对于中国山水画史还感兴趣的人，可能会有些意见，即这幅画在设计上虽相当古，山石处理上也相当怪，似熟悉，实陌生。保留印象一面和其他一些佳迹名墨相融会，一面也觉得稍有扞格①。这个“融会”与“扞格”原居于相反地位，就为的是画本身离奇。我说的是辽阳汉墓日人摹下的壁画、通沟高句丽坟内壁画、相传顾恺之《女史箴图》和《洛神赋图》、孝子棺刻画、北魏敦煌着色壁画《太子舍身饲虎图》、高昌着色壁画《八国王子分舍利图》、世传王维《辋川图》、传世《明皇幸蜀图》（实即《蜀道图》）……以及故宫和日本欧美所收藏若干种相传唐人山水画迹，都和这画有些矛盾处。若容许人嘀咕时，他会发生下面疑问：

这画是展子虔画的？

若说是真的，证据在什么地方？从著录检查，由隋郑法士《游春山图》起始，唐宋以来作春山图的名手甚多，通未提及展作此画，谁能确定这幅画恰恰是展子虔手迹？就是有个宣和②题签，也并不能证明画的真实可信。从《贞观公私画史》到《宣和画谱》，这画似均未入录，装裱也非《云烟过眼录》所谓中兴馆阁旧式。被认为展子虔作《游春图》，实起于元明间。然而元代专为大长公主看画作题的冯子振辈，虽各有几行字附于卷后，同是侍奉大长公主的袁桷（jué），

① 扞（hàn）格，互相抵触，扞通“捍”。

② 宋徽宗年号（1119—1125）。

于至治三年（1323年）三月，在大庆寺看画三十六，却不记《游春图》。明茅维、詹东图、杨慎，都似乎看到过这幅《游春图》或相类而不同另一幅，当时可并无其他相关比证，证明的确是展画。若说它是假的，也很难说。因为画的绢素实在相当旧，格式也甚古。从格式看，可能是唐人画。即或是唐人手笔，也可能属于《宣和画谱》记载那四十多幅“游春山图”中之一幅，还可见出隋人山水画或展子虔画本来样子。尤其是彦悰[①]、张彦远[②]意见，有些可以作为展画注解。

也许我们得放弃普通鉴赏家所谓真假问题，来从前人画录中，试做点分析检验工作，看看叙录中展子虔作过些什么画，长处是什么，《游春图》和他有无关系。可能因为这种分析综合，可以得到一点新的认识；也可能结果什么都得不到。我的意思是这种分析虽无从证实这幅画的真伪，却必然可以引起专家学人较多方面观摩推论兴趣。我不拟涉及收藏家对于这幅画所耗费的经济价值是否值得，也不打量褒贬到鉴古家啧啧称羡的美术价值是否中肯，却希望给同好一种抛砖引玉新的鉴定工作的启发。我相信一部完善的中国美术史，是需要有许多人从各种角度注意提供不同意见，才会取得比较全面可信证据并相对年代的。

试从历史做简单追究，绘画在建筑美术和文化史上实一重要装

---

① 彦悰（cóng），唐代僧人，玄奘法师弟子，著有绘画专著《后画录》。

② 张彦远，唐代画家，绘画理论家。精于鉴赏，擅长书画。著有《历代名画记》《法书要录》等。

饰，生人住处和死者坟墓都少不了它。另有名画珍图，却用绢素或纸张增加扩大了文化史的意义。它不仅连接了生死，也融洽了人生。它是文化史中最不可少的一个部门，一种成分，比文字且更有效保存了过去时代生命形式。

宫阙祠庙有画饰，史志上著录明确。孔子如周观明堂画，徘徊不忍去，欣赏赞叹不已，很显明这些画必不只是史迹庄重，一定还表现得十分活泼生动。王逸[①]释《天问》，以为屈原所问，是根据于楚民俗习惯，先王公卿祠堂无不有前人彩画，包罗广大而无所不具。秦每破诸侯，必仿写其宫室于咸阳北坂（此说历来有分歧，若连缀后边记载，有饮食歌舞不移而具，及近年从咸阳北坂所发现的各种瓦当看来，所谓“仿写”，实仿造诸国建筑而言，和画无关）。汉未央、甘泉、建章、寿宫、麟阁[②]……无不有彩画。《南蛮传》且称郡守府舍也有画。这些画的存在意义，都不仅仅作为装饰。至于西蜀文翁祠堂之画，到晋代犹好好保存，使王右军向往不已。从古乐浪川蜀漆器彩画之精美推测文翁祠壁画，可知精美活泼必不在漆器下。

宫观祠庙由隋入唐，因兵燹（xiǎn）事故，名画珍图毁去虽不少，保存下的也还多，尤其是当时的西京长安，南方之江都，唐人笔记常多提及。隋之工艺文物有一特点，以雕刻为例，似乎因南朝

① 王逸，字叔师，东汉中期文学家，所作《楚辞章句》是《楚辞》最早的完整注本。

② 未央、甘泉、建章，均为汉代宫殿名；寿宫，指神祠；麟阁，麒麟阁的简称，在未央宫中，曾供奉功臣画像。

传统与女性情感中和，线色明秀而纤细，诗、文、字，多见出相似作平行发展。画是建筑装饰之一部，重漂亮也可以想见。这种时代风气，是会产生《游春图》那么一种画风的。彼时如《天问》所涉及古神话历史屋壁式刻画已不可见，汉代宫室殿堂画名臣，屏风图列女，亦渺不可见。然汉代石阙坟茔刻石规模，犹可以从武氏祠[①]及其他大量石刻遗物及《水经注》记录得知一二。唐裴孝源论画谓："吴、魏、晋、宋世多奇人，皆心目相授……其于忠臣孝子，贤愚美恶，莫不图之屋壁，以训将来。"《隋书·经籍志》且称大业中尚书省即有天下风俗物产地图，隋宫室制度，既因何稠[②]等具巧艺慧思而大变，具装饰性并教育意味壁画，已不再谨守汉晋法度，局限于做忠臣列女，或其他云兽杂饰，具区域性之奇花美果、风俗故事，已一律同上粉壁。五代西蜀江南花果禽兽之写生高手，宣和画院中之同类名家，可说原来即启承于隋。至于寺庙壁画，由名手执笔，产生时且带比赛意味，各尽所长，引人注意，则自晋顾恺之瓦棺寺画维摩募缘时，似即已成风气。陆探微、张僧繇[③]著名遗迹，当时即大多数在庙里，隋唐时犹把这个各竞所长制度好好保存，且加以扩大，所以段成式[④]《酉阳杂俎》记庙中观画，张、陆、杨、展名笔，与阎

---

① 东汉武氏家族的祠堂和墓地，始建于汉桓帝建和元年，位于山东省济宁市嘉祥县武翟山，其画像石是研究东汉末期社会历史的重要资料。

② 何稠，北周至唐初著名工艺家、建筑家。

③ 陆探微，南北朝时南朝宋画家；张僧繇，南北朝时南朝梁画家。

④ 段成式，晚唐时期著名志怪小说家。在当时文名颇著，与著名诗人李商隐、温庭筠号称“三才”。

立本、吴道子、王维、尉迟乙僧等名墨妙迹相辉映，罗列廊壁，专家批评得失，有个共通印象可以参校。入庙观画，也成为唐代士大夫娱乐之一种。段成式或张彦远等所记，不仅可以见出壁画格式位置，且可明白内容。当时已多杂画，佛神天王之外，花木竹石、飞走游潜，无所不具。说法变相，且将画题扩大，庄严中浸透浪漫气息，作成一部具色彩的平面史实或传奇。唐代又特别抬举老子，据《封氏闻见记》所述，听吉善行①一片谎言，唐王朝就把老子认作祖宗，天下诸道郡邑都设立玄元皇帝庙，除帝王写真像外，铸金、刻石，及夹纻干漆像，同有制作，当时都供奉入庙，听人进香。此外按乐天女，仙官道士，当时摩登行列，也都上了墙壁（敦煌且有合家参庙壁画，如《乐廷瓌（guī）夫妇行香图》）。至北宋真宗祥符年间，供奉天书的玉清昭应宫的兴建，由宰相丁谓监督工事，集天下名画手过三千，选拔结果，还不下百人，分为二部（见《圣朝名画评》《武宗元传》），还收罗天下名画师，各竞表现，昼夜赶工，二烛作画一堵。西蜀江南之黄筌父子侄、徐熙祖孙，以至李方叔所称笔多诙趣之石恪，无不参加，各在素壁上留下手迹。若非后来一把无名火将庙宇焚去，则这个大庙墙壁上留下的数千种名笔妙墨，拿来和较后的《宣和睿览集》千余册纸素名画比较，将毫无逊色。调色敷彩构图设计新异多方处，且必然会大大影响到后来。别的不提，倘若当时有一个好事者，能把各画特点用文字记录下来，在中国中古绘画史研究上，

① 吉善行，唐初道士，唐高祖立庙于羊角山，命其主持祭祀。

也就必然一改旧观，不至于如当前一片朦胧景象了。

由晋至宋所谓名笔还多，从壁上作品记载看来，展子虔画迹也多在寺庙中保存。

在宫观庙宇壁画上，唐人记述展子虔遗迹的，似应数唐裴孝源《贞观公私画史》和张彦远《历代名画记》二书，比较说得具体。

江都东安寺，长安灵宝寺、光明寺，洛阳天女寺、云花寺，皆有展子虔画（《贞观公私画史》）。

上都定水寺内东西壁及前面门上，并似展子虔画。海觉寺双林塔西面展画，东都龙兴寺西禅院殿东头，展画《八国王子分舍利》。浙西甘露寺，展子虔画菩萨两壁，在大殿外（《历代名画记》）。

所记自然未尽展留下笔迹全部。唯就部分看全体，也可知展于南北两地名刹大庙中，均有遗作。这些画可能有普通故事人物，大多却必然与佛教相关。又《贞观公私画史》另载展画计六卷：

法华变相一卷　南郊图一卷　长安车马人物图一卷
杂宫苑图一卷　弋猎图一卷　王世充像一卷

《历代名画记》则称：

展子虔历北齐、北周、隋，在隋为朝散大夫、帐内都督，有《法华变》，白麻纸《长安车马人物图》……《朱买臣覆水图》并传于代。

又可见用纸素的作品，世俗故事即多于宗教作品。

这些画很明显是纸或绢本，所谓“并传于代”，照唐人习惯，即不仅有真本，且还流传有摹本，其《长安车马人物图》，且注明是麻纸，同时有杨契丹[①]作，与六朝以来名手所作《洛中风物图》及相似题材，到后来，北宋张择端的《清明上河图》设计，可说即从之而出。《杂宫苑图》，又必为唐之二李，宋之二赵[②]，及宣和画院中专工屋木楼阁的高手所取法，但不及山水，只除非《南郊图》也有山水。

又宋郭若虚《图画见闻志》载：隋展子虔《大禹治水图》。从山石嶙峋如斫削而言，从世传周文矩[③]《大禹治水图》，行笔均细劲，也可能从之而出。这个图上的山石画法，和《游春图》不相近，然更近展画（后面当可说及）。

宋代著录展画较详的，当数《宣和画谱》。在《道释部》有十三种，共二十件，计有：

北极巡海图二　石勒问道图一　维摩像一　法华变相图一

授塔天王图一　摘瓜图一　按鹰图一　故实人物图二　人马图一

---

① 杨契丹，隋代画家。曾与田僧亮、郑法士同画光明寺小塔壁画，三人所作时称“三绝”。

② 指的是赵伯驹、赵伯骕兄弟。

③ 五代南唐画家，善画佛道、车马、屋木、山水，尤精于人物、仕女。

人骑图一　挟弹游骑图一　十马图一　北齐后主幸晋阳图六

从名称推测传授，则唐宋画人受展子虔影响的实在很多，如《维摩像》《摘瓜图》《石勒问道图》《授塔天王图》《挟弹游骑图》《十马图》……唐宋若干名世之迹，或有不少即出于展画粉本。周密《云烟过眼录》称："宋秘书省有展子虔伏生"，或者也就是世传王维《伏生传经图》所本。《中兴馆阁续录》记宋中兴馆阁的储藏，计古贤六十一轴，中有展子虔画梁武帝一，佛道像百二十七轴，中有展子虔伫立观音一，太子游四门二。若阎家兄弟及吴道子笔法师授，实从展出。我们说传世《帝王图》中梁武帝，及吴画武帝写真，还依稀有展子虔笔墨影子，说的虽不甚确实，却并不十分荒谬。

就叙录论展画长处，特点实在人物。画像与普通风俗故实，都必然以人物做中心，米疯子[1]《画史》中早说道：

李公麟[2]家有展子虔小人物，甚佳。系南唐文房物。

然并未限于人物，唐沙门彦悰《后画录》论得很好：

触物为情，备该绝妙，尤善楼阁人马，亦长远近山川，咫

① 即米芾，北宋书画家。因举止癫狂，有"米颠"之称。

② 李公麟，北宋著名画家，号龙眠居士。

尺千里。

文章做于贞观九年（635年）三月十一日，可算是叙及展画兼善各体的最早证据。后二语且似乎已为《游春图》预先下了注脚，倘若说《游春图》本是一无名人画，由于宋元人附会而来，这附会根据，即因彦悰叙录而起。

唐张彦远《论画六法》，也批评到展子虔，语句虽稍抽象，和《游春图》有点相关：

> 中古之画，细密精致……展、郑之流是也。

展即子虔，郑即同时之郑法士。《宣和画谱》人物部门无展之《游春图》，却有郑法士《游春图》二。这个题目实值得特别注意。因为假若我们肯定现在《游春图》是隋画，可不一定是子虔手笔，可能移到郑法士名下去，反而相称一些。若说是唐宋人本，非创作，实摹模，说它即从郑画摹来，也还可以说得去。

又张彦远论山水树石，以为“二阎擅美匠学，杨、展精意宫观，渐变所附，尚犹状石则务于雕透，如冰澌斧刃①，绘树则刷脉镂叶②，

① 冰澌（sī）斧刃，绘画技法，作画时方圆结合，方折笔为主，线条状似长线，尤若斧刃。

② 绘画技法，描绘形式时，在平面叶子上进行镂空雕琢，分出前后、深浅、远近等。

多栖梧苑柳，功倍愈拙，不胜其色”。彦远时代相近，眼见遗迹又多，称前人批评意见，当然大有道理。所以论名价品第，则以为：

> 近代之价，可齐下古，董、展、杨、郑是也。……若言有书籍，岂可无九经三史。顾、陆、张、吴为正经，杨、郑、董、展为三史，其诸杂迹为百家。

唐李嗣真《后画品录》，中品中计四人：杨循、宗炳、陶景真、展子虔。朱景玄《名画录》展子虔不在品内。

同出于唐人，价值各有抑扬，所谓选家习气是也，方法多从评诗、评文、评字而来，对于画特别不合适，容易持一以概全体，甚不公平。所以到明代杨慎时，就常做翻案，对于唐人“顾、陆、张、吴”，以为宜作“顾、陆、张、展”，用子虔代道子，对于时代上做秩序排列，意见也还有理。

彦远叙画人师笔传授，即裴孝源心目相授递相仿摹意，以为田僧亮[①]师于董、展，二阎[②]师于郑、张、杨、展。又谓：

> ……田僧亮、杨子华、杨契丹、郑法士、董伯仁、展子虔、孙尚子、阎立德、阎立本并祖述顾、陆、僧繇。

---

① 田僧亮，南北朝时北朝周画家。

② 即唐代著名画家和政治家阎立德、阎立本兄弟。

……展则车马为胜。

……俗所共推，展善屋木，且不知董、展同时齐名，展之屋木，不及于董。李嗣真云：“三休轮奂，董氏造其微；六辔沃若，展生居其骏。而董有展之车马，展无董之台阁。”此论为当。又评董、展云：“地处平原，阙江南之胜，迹参戎马，乏簪裾之仪。”如此之论，便为知言。

张引李所言董展优劣，措辞甚有见地，唯时间一隔，无迹可做参证，自然便成悬宕。谈展画马较明确具体，还应数欢喜用《庄子》笔法题画的宋董逌①《广川画跋》：“展子虔作立马而具走势，其为卧马，则复有腾骧起跃势，若不可覆掩也。”米疯子素号精鉴，亦称许展画《朔方行》小人物佳甚。画为李公麟所藏。

至于涉及展的山水人物，比彦悰进一步，以眼见展之遗迹。说得十分具体，也极重要的，却应数元汤垕②《画鉴》：“展子虔画山水法，唐李将军父子多宗之，画人物描法甚细，随以色晕开……人物面部，神采如生，意度具足，可为唐画之祖。”二李山水得展法，世多知之。世称张萱③画美妇人明艳照人，用朱晕耳根为别。原来这个画法也得自子虔，并非纯粹创造，这一点说到的人似不多。

---

① 董逌（yōu），北宋末年藏书家、书画鉴定家，以精于鉴赏考据闻名。

② 汤垕（hòu），元代著名的美术鉴赏家。

③ 张萱，唐代画家，以善绘贵族仕女、宫苑鞍马著称。

明杨慎喜作画论八股，翻旧案，谈丹铅。《丹铅总录》称：“画家以顾、陆、张、吴为四祖（用张彦远语），余以为失评矣。当以顾、陆、张、展为四祖。画家之顾、陆、张、展，如诗家之曹、刘、沈、谢，阎立本则诗家之李白，吴道玄则杜甫也。必精于绘事品藻者，可以语此。”虽近空论，比拟还恰当；唯说的似泛指人物画，即从未见过展画，也可如此说的。

《艺苑卮言》谈及人物画时，则谓：“人物自顾、陆、展、郑以至僧繇、道玄，为一大变。”指的方面虽多，用笔粗细似乎是主要一点，其实细线条非出自顾、陆、展、郑，实出汉魏绢素艺术（顾之《洛神赋图》与《列女图》线条并不细）。至唐受到吴道子莼菜条[①]革命，至宋又有马和之兰叶描[②]革命，然细线条终为人物画主流正宗。王维、郭忠恕[③]、李公麟、王振鹏[④]、尤求[⑤]等，一路下来，俱有变本加厉，终至细如捻游丝者，过犹不及，因之游丝笔亦难有发展。道子一路，则始在宗教壁画上发生影响，沿袭直到元明，从敦煌及山西宋元以来大量壁画看，虽若难以为继，尚可仿佛二三。且因近代坟墓发掘、汉晋壁画发现，和陶瓷砖甓比证，才知道子的雄劲粗犷，亦非自创，

---

① 莼（chún）菜条，吴道子所创的一种波折起伏、错落有致的用笔技法。

② 吴道子所创的一种以丰富衣纹的曲折向背为体现的描法。

③ 郭忠恕，五代末至宋代初期画家，以画山水画中的亭台楼阁、舟船车舆的“界画”闻名。

④ 王振鹏，元代著名画家，擅长人物画和宫廷界画。

⑤ 尤求，明代画家，工山水，兼人物。

很可以说从彩陶时代工师即有这个作风，直接影响还本于魏晋以来圬壁[①]方式，不过到彼手中，下笔既勇猛凌厉，天分才赋又特别高，实集大成。圬壁出于工艺，绢素本不相宜，因此，笔墨竟作成前有古人而后无来者趋势。至宋元代，即有意为云水壮观如孙位，画鬼神如颜辉，作钟馗如龚开，笔均细而不悍。石恪、牧溪又近于王洽泼墨，有涂抹而无点线，嗣胤[②]寻觅，却唯有从磁州窑墨画刻镂水云龙人兽，吉州窑的水墨花鸟虫鱼，尚得一脉薪传。直延长到明代彩绘及青瓷，勾勒敷彩，面目尚具依稀；至于纸素艺术，虽会通于王洽泼墨与二米云山，衍化成大痴（黄公望）、仲圭（吴镇）、方壶（方从义）、石田（沈周）、青藤（徐渭），有意认亲，远是无从攀援，两不相关也。吴生画法，在纸素上已可说接手无人，如不嫌附会，可说直到千年后，才又有任伯年、吴昌硕、齐白石，居然敢纵笔作人物，写草字，画花鸟虫鱼。但几人能把握的，已不是具生命机动之线条，来表现人物个性或一组故事。伯年画人物虽比吴伟[③]、黄瘿瓢[④]见性格，着色又新鲜大胆具现代性，比吴彬[⑤]、陈老莲[⑥]（陈洪绶）活泼

---

① 圬（wū）壁，抹墙。

② 指子孙后代。

③ 吴伟，明代著名画家，善画水墨写意、人物、山水。

④ 即黄慎，曾号瘿瓢子，清代书画家，扬州八怪之一。

⑤ 吴彬，明代著名画家，人物、山水、花鸟皆精，风格独树一帜。

⑥ 陈老莲，明末清初著名书画家，其人物画成就被认为在仇英、唐寅之上，其画艺画技被后世所师承。

有生机，其实用线造型亦不佳，带俗气，去古人实在已相距千万里。吴老缶（吴昌硕，别号缶庐）笔墨淋漓，在六尺大幅素纸上作绛梅，乱点胭脂如落红雨，十分精神。其特别见长处，还是用石鼓体作行草字。白石翁得天独厚，善于用墨，能用点代线，会虫禽骇跃之理，花果生发态度。然与其说是由道玄笔迹而有所悟，不如说两人同是圬壁手，动力来源相同，结果自然也有些相似成就。唯一则身当开元天宝物力雄厚宗教全盛时代，作者生于这个豪华狂热社会背景中，自然全生命能奔放燃烧，裴旻舞剑略助其势，天王一壁顷刻即成。一则生当十九世纪、二十世纪间外患内忧时代，社会一再变革，人民死亡千万，满地为血与火涂染，虽闭门鬻画，不预世事，米盐琐琐，不能不分心。因之虾蟹必计数论价，如此卖画四十年，即或天赋高如道玄，亦难望有真足传世伟构。老去作菊虾，虽极生动然亦易模仿。因之多伪托，真赝难辨。

展子虔之《游春图》见于著录，不在中古，却在近古。

明茅维《南阳名画表》，记韩存良太史家收藏山水界画目中，首即著录一行：

> 南北朝展子虔《游春图》，宋徽宗前后小玺。

元人跋名《春游图》，非《游春图》，是则画在明代即已著名，茅维所记犹旧名。只云“宣和小玺”未云“题签”，私意当时列缀于前，正如阁帖诸迹与《平复帖》及其他名笔，还像秘阁官库本藏字画习惯。

张丑[1]《清河书画舫》称：

展子虔者，大李将军之师也。韩存良太史藏展子虔《春游图》卷，绢本，青绿细山水，笔法与李思训相似，前有宋徽宗瘦金书御题，双龙小玺，政和、宣和等印，及贾似道悦生葫芦图书曲脚封字方印……第其布置与《云烟过眼录》中所记不同，未审何故。

又传严氏藏展子虔《游春图》。

詹景凤[2]《东图玄览》复称：

展子虔青绿山水二小幅，致拙而趣高，后来二李将军实师之。

又言：

李思训绢画山水小幅，布置溪山、村落、人家，大与今画布置殊，殆是唐无疑。

① 张丑，原名张谦德，后改名丑。明代书画收藏家、文学家。

② 詹景凤，明晚期人，在诗文、书画方面富有名声。

明《严氏书画记》则载《春山图》，“大李将军二卷、小李将军二卷”。

张丑所见作《春游图》，且明说是青绿细山水，笔与李思训近，有徽宗题，唯与《云烟过眼录》所记不合，《云烟过眼录》：画为胡咏存斋所藏，徽宗题，一片上凡十余人。

詹景凤则见二小幅，内容“致拙趣高”，以为“二李实师之”。又言“李绢画布置有古意，是唐无疑”。不及题跋。又言“唐人青绿山水二片，行笔极轻细”。很显然，同时实有好几件不同小幅画，或署展名，或署二李，或无名，格式却相差不甚多。詹景凤识力极高，所言必相当可信。

王世贞[①]《艺苑卮言》谓：“画家称大小将军……画格本重大李，举世只知有李将军，不尽其说。……大抵五代以前画山水者少，二李辈虽极精工，微伤板细……”

所言精工而伤板细，易作目前所见《游春图》评，或有首肯者。若有人觉得这画实细而不板，则应明白明代人所谓“板”，院画一律在内，和现代人观点本不甚合。

《云烟过眼录》称宋秘书省藏有展子虔伏生，涉及装裱：“阅秋收冬藏（四个字号）内画，皆以鸾鹊绫象轴为饰，有御题则加以金花绫，每卷表里皆有尚书省印。”且说关防虽严，往往以伪易真，殊不可晓。

---

① 王世贞，明代文学家、史学家。

今所见展画装裱似不同，有人说是宋装，有可疑处。

我们若假定不是展子虔画，有许多画可以伪托。

宋《宣和画谱》中，黄筌《春山图》七，黄居宝《春山图》二，黄居寀[①]（cǎi）《春山图》六，燕肃[②]《春山图》四，李昭道《春山图》一，李思训《春山图》一。有人物部门，则有隋郑法士《游春山图》二。《南阳名画表》还有李确[③]《春山游骑图》。

其他画家高手作春山图尚多，因为作风格致不近，不宜附会到传为展作之《游春图》，所以不提。

张丑又言："庚子谷日偶从金昌常卖铺中获小袖卷，上作著色春山，虽气骨寻常，而笔迹秀润，清远可喜。谛视之，见石间有'艳艳'二字，莫晓所谓。然辨其绢素，实宋世物也。越数日，检阅画谱，始知艳艳为任才仲妾，有殊色，工真行书，善青绿山水。因念才仲北宋名士，艳艳又闺秀也，为之命工重装，以备艺林一种雅制云。"此明言袖卷，和本题无关。

《游春图》既题名展子虔作，树石间即或有艳艳字样，也早已抹去。然从装裱上，却似元明裱，非宋裱。有同是东北来一军官，藏元人裱同式裱法可证。世传另有其他明季装裱横卷，可以参考。

从著录掇拾材料，我们可以知道几件事：一、隋郑法士有《游

---

① 黄筌和黄居宝、黄居寀父子三人均为五代后蜀画家。

② 燕肃，北宋著名科学家、画家、诗人。工诗善画，以诗入画，为文人画先驱。

③ 李确，明代学者。

春山图》，唐宋名家有许多《春游图》；二、《春游图》本来可能为茅维所见《游春图》。或“游春”，或“春游”，明人记录已不大一致，且当时有画迹相似而署名不同或无作者名若干画幅；三、本画可能是詹东图所见称为展画之一幅，或王世贞所见大小李画之一幅（也可能即张丑所见艳艳临摹唐人旧迹）。

又或者还只是宋画院考试国手时一幅应制画，画题是唐人诗句“踏花归去马蹄香”，《萤雪丛说》说，徽宗政和中设画学取士，即有这个画题。又詹东图传闻文徵仲家曾藏有右丞“花远重重树，云深处处山”纸本小帧，布景极美，落笔精微。笔记传闻有不可靠处，唯把两句诗做目下《游春图》题记，却也相当切题。又好像为刘禹锡“紫陌红尘”诗做插图，不十分切题，却还相关照。

一面把握题旨，一面遵守宋人画诀：“春山艳冶而如笑……品四时之景物，务要明乎物理，度乎人事，春可画以人物欣欣而舒和，踏青郊游，翠陌竞秋千，渔唱渡水……”《山水纯全集》作者意见或在先或在后，都无关系，就画面空气言，却可帮助我们欣赏《游春图》，认为是唐诗格局。

这点印象宜为对绘画史有知识的人所同具。

又张彦远论山水树石，多根据当时存下名笔而言，批评杨、展画迹时，他曾说：

> 状石则务于雕透，如冰澌斧刃。

冰澌斧刃如可靠，则展画石方法，宜上承魏晋六朝，如通沟坟墓壁画山石，敦煌北魏壁画《太子舍身饲虎图》山石，六朝孝子故事《石棺图》山石，以及《洛神赋图》山石，山头起皴，必多作方解矾头式，下启大小李衍变为荆、关、马、夏直到蓝瑛[①]，用作花鸟配衬物则影响黄居寀。居寀迹不易见，林良[②]、吕纪[③]画石还可依稀仿佛，作山或金碧堆绘，或墨笔割切，方法上终属于北派。《容台集》说："李昭道一派为赵伯驹[④]，伯驹精工之极，又有士气，后人仿之者得其工而不得其雅，若元之丁野夫、钱舜举是已，五百年而有仇实父。"一脉传来，均不与王维细笔山水相通。

现存传称周文矩《大禹治水图》，山头方折如大小李，从史志看同一题目名迹，吴道玄、展子虔、顾恺之均有作品，《历代名画记》谓："古时好拓画，十得七八，不失神彩笔踪。亦有御府拓本，谓之官拓。国朝内库翰林集贤秘阁拓写不辍。承平之时，此道甚行。"此《大禹治水图》作山方法，似稍近冰澌斧刃，不仅有子虔板处，还有顾虎痴精微处。《游春图》却大不相同，因之就《游春图》作山石笔意言来，这幅画作展子虔，反而不称，估作与子虔作风不同之唐五代或宋人画迹，均无不可。《宣和画谱》称西蜀黄筌、黄居寀、居宝三

---

① 蓝瑛，明代画家，浙派绘画后期代表人物之一。

② 林良，明代院体花鸟画代表作家，水墨写意画派的开创者。

③ 吕纪，明代画家，以花鸟著称于世。

④ 赵伯驹，南宋画家，字千里，宗室。擅长金碧山水，是青绿山水形成过程中的重要画家。

人曾共有《春山图》计十五幅，如说这画是十五幅之一，可寻出下面几点例证，补充解释。

一、画中女人衣着格式，似非六朝格式，亦不类隋与唐初体制。淡红衫子薄罗裳，又似为晚唐或孟蜀[①]时妇女爱好（风致恰如《花间集》中所咏）。世传五代画纨扇小人物，与董源《龙宿郊民图》，及松雪[②]用摩诘法所作《鹊华秋色》卷子上人物，衣着均相近。直到实父[③]仿赵伯驹画五丈长《子虚上林赋》画意，妇女装扮还相同。而山头着树法，枝柔而欹，却是唐代法。宋元人论画，即常说及蜀人得王维法，笔细而着色明媚。

二、黄氏父子侄本长于花鸟，用作花鸟法写山水景物，容易笔细而色美，格局上复易见拙相。唐人称展特长人马故实，宋米芾且为目证。凡此诸长，必特别善于用线，下笔宜秀挺准确，不过于柔媚。此画人马均不甚佳，衣着中的幞（fú）头和圆领服，时代都晚些，建筑时代也晚。山石树木亦与冰澌斧刃、刷脉镂叶也不相称。张彦远叙六朝杨、展山石做法时，还说及如"钿饰犀栉，冰澌斧刃"这种形容，若从传世遗迹中找寻，唯敦煌隋代洞窟壁画中维摩五百事小景足当此称呼（画录中则称陈袁蒨[④]绘有此图）。

---

① 即孟氏建立的后蜀（934—965），五代十国中的十国之一。

② 即赵孟頫，元代著名书画家，号松雪道人。

③ 即仇英，明代中期著名画家，吴门四家之一，字实父。

④ 袁蒨，一作袁倩，南朝画家，画家陆探微的学生，擅画人物、佛像。

三、从绢素看，传世宣和花鸟所用器材多相近，世传黄氏花鸟曾用细绢做成，不知世传李昭道诸画及某要人藏周昉仕女用绢如何，若说展画是隋绢，至少还得从敦煌余物中找出点东西比较。若从敦煌画迹比较，如此绵密细笔山水，至早恐得下移至晚唐五代较合适。

我们说这个画不是展子虔笔，证据虽薄弱近于猜谜，却有许多可能。如说它是展子虔真迹，就还得有人从著录以外来下点功夫。若老一套以为乾隆题过诗那还会错，据个人经验，这个皇帝还曾把明代人一件洒线绣天鹿补子[①]，题上许多诗以为是北宋末残锦！

---

① 补子，补缀于明清官员官服前胸后背上的一块织物，作为标志品级的徽饰。

谈谈《文姬归汉图》

这几幅人物故事画，统属于同一主题《文姬归汉图》或《胡笳十八拍图》一部分。明代人也有把它简称作《胡笳图》的，如《天水冰山录》文氏记载严嵩抄家书画目所载。原稿多出于宋人，后来不断临仿，并有所补充。是根据后汉蔡琰（yǎn）故事和她的自叙诗画成的。蔡琰是东汉末年著名文学家蔡邕的女儿，蔡邕因参与董卓政权，董卓被杀，蔡邕在席上表示惋惜，被王允下狱，请修后汉史不得，终于死去。蔡琰在兴平[①]中也被侵入长安和洛阳的羌胡骑兵掳去，经过了十多年后，在胡中已嫁了人，生育子女数人。到曹操当权时，因和蔡邕旧好，知道这件事情，才特别派人携带金帛前往胡中把蔡琰赎回。蔡琰归来后，嫁给小官董祀，生活似乎也不怎么好，著有七言《悲愤诗》，又有作五言的，这两首诗中必有一首出于

① 兴平（194—195），东汉献帝的年号。

后人附会及同时人所拟作。后人论断不一。近人分析评论比较全面的，有余冠英先生做的论文可以参考。七言诗和传世梁鸿[①]《五噫诗》相近，五言诗和王粲《七哀诗》、曹操五言诗同一情调，个人认为原作五言或比较近实。部分即有所增饰，也还和当时情形相合。诗中说“斩截无孑遗，尸骸相撑拒，马边悬男头，马后载妇女……失意几微间，辄言毙降虏，要当以亭刃，我曹不活汝”，把中原人民当时遭受胡骑残杀死亡流离的凄惨景象，刻画得深刻而动人。这个叙事诗篇幅虽不大，文字却素朴真切，形成的气氛极沉重，因此，在中国中古文学史中，成为一篇反映当时社会现实、对统治者具有强烈控诉性的著名作品。后人因此把蔡琰故事和诗歌结合，编成《胡笳十八拍》乐曲，正如把王昭君故事编成“明君”乐舞一样，在中国戏剧音乐发展史中，发生极大影响。民间流传，常成为后世绘画和戏剧主题，为广大人民所熟习和同情。晋代豪富石崇的舞伎绿珠，能舞“明君”，昭君故事转成乐舞似较早些。蔡琰故事和乐舞结合，我同意刘大杰[②]先生的分析，或在唐宋之际。如用十八拍文字叙述，追求史实，不免有许多矛盾难解处，因为十八拍不同于五言《悲愤诗》，乐曲可能是胡曲旧声缀合，文字实在较晚。

至于宋代人喜作这种故事画，实在另有一种现实意义。北宋末年，政治情况部分很像汉末，统治者对于人民，使用强大武力和苛

① 东汉隐士、诗人。

② 刘大杰，我国著名文史学家、作家、翻译家。

细法令，压迫剥削，无所不至。到徽宗赵佶时期，又奢侈，又迷信，为兴修“寿山艮岳”，派了一群贪官污吏，在国内到处骚扰横行，找寻奇花异草，枯木怪石，一有发现，就凿壁毁垣，强掠而去，再向人民征发车船夫役，转运到开封，名“花石纲”，使得人民痛苦万状。然而北宋统治者对于当时占据东北和华北的契丹政权，则始终采取纳币求和妥协软弱的办法。随后女真族兴起，击溃契丹进兵汴梁时，虽然人民义军为保家卫国，支援开封的日益增多，都已到达附近各地，部分有远见的爱国官吏如李纲，太学生如陈东等，也都极力主张抗敌御侮。北宋统治者却依违不定，还只想屈辱投降，取得一时苟安。李纲任职不久，又复贬退，陈东牺牲死去，北宋首都汴梁，终于沦陷，政权因之解体。赵佶父子和一家眷属三千余人，被俘往东北五国城。看看《大金吊伐录》《宣和遗事》等历史文献记载，就可知当时北宋统治者的狼狈情形，和千百万人民苦难情形。汴梁虽沦陷，但是大江以北人民，为保家卫国，还是奋起抗敌，此伏彼起。从此以后，女真族军事统治者，对于北中国生产破坏，人民蹂躏，有加无已。偏安江南的南宋小朝廷，妥协投降派继续得势当权，爱国英雄岳飞父子，因此都不免被害死去。南北对峙百余年间，和议往还，年有聘使，画家由于沦陷北方或生长于北方破家南渡的，在民族矛盾残酷战争中，饱经忧患，于是经常采取这个为中国人民所熟习的历史故事题材，创作许多主题相同风格不一的连环故事画。有的或只是从历来作番骑图方法，略加组织，反映局部事件，有的又首尾起讫，组织特别严密。这里介绍六个画面，都属于同一主题——文姬归汉。

这类画不问真伪，照习惯多署名陈居中[①]作。关于这个画家的时代，画录中有以为是北宋陷金的，有以为宁宗时画院待诏的。其实主题虽同，艺术风格并不一样，可见画手并非一人，时间也有先后。但有一点十分重要，那就是原作者必然是生长于南北宋之际的人物，因为只有既熟习汴梁社会市廛[②]生活，同时也熟习游牧民族帐幕生活的人，笔下才能够如此深刻忠实地反映出种种现实景象。例如这里介绍第一幅，被盗走现藏美国波士顿美术馆的长卷，全卷虽有残缺，但由帐幕送别到返家入宅，家人迎娶，举凡漠中风光，都市繁华，一一现出绢素上，无不刻画入微，可说是中国中古时代一幅故事画的典范。场面复杂，人物众多，处理得却极从容周到而有条理。人物车乘，起居服用，善于在大处着眼，小处落墨，组成一个壮丽而生动的社会风俗历史画面。画录中署陈居中作《文姬归汉图》或《胡笳图》许多种，就个人前后所见到的各卷说来，这个本子应当算是比较好的，下笔用墨较重而具肯定感，可知非粉本临摹。和故宫收藏张择端《清明上河图》卷，同属于宋代社会故事画中第一流作品，可称宋代同类绘画的双绝。

第二幅是个立轴，原藏故宫，现在台湾。只是胡笳十八拍中一个场面，即使节来迎，蔡文姬和胡中亲人分别情形。画作立轴，正

---

① 陈居中，南宋时期著名画家，作品多表现少数民族生活情态及鞍马。

② 市廛（chán），市中店铺或店铺集中的市区。

和五代丘文播[①]把《北齐校书图卷》节取主要部分作成《文会图》立轴一样，并非本来式样。由于立轴画面限制，内容比较简单，但是用笔却精工秀美，人物衣着且具细致花纹。这个送别场面，常为画家采用，一方面因为是故事主题重点，另一面即它还和时代有关。南宋初年，曾一再有江南使者北来迎接赵佶后妃回南事，明人以为画家作成这个图，实有托古喻今意思。总之，离开画的艺术而言制度，这个立轴也还是十分重要的。因为两宋二百余年北行使节仪从，文献记载虽多，具体形象，却唯有从这类画幅得到证明（此外还有宋人绘《奉节图》《聘金图》，也同出于文姬归汉）。

第三幅作夫妇二人并辔同驰，男子作胡装——实即女真装，面目亦如女真族型，颧高而颊削，眼目微竖，腰胯间悬挂弓矢，马稍前一头。妇人近中年，仪容和穆端肃，头戴高装巾子，如传世《韩熙载夜宴图》所戴巾子，也即是一般说的“东坡巾”，又名“高士巾”，过去相传由苏东坡创始，宋人画《会昌九老图》《洛阳耆英会图》《西园雅集图》，画中人物大都戴这种巾子。这种巾子盛行的时代系北宋中叶以后，所以《夜宴图》真正绘制时代，可能晚一些。因为妇女衣饰桌上家伙都晚，不是五代南唐时。妇人画唯蔡文姬头上有此巾，似因高士巾而来。抱一梳双丫角小女孩，天真烂漫，长幼神情都极和美。马虽若千里逸足，具绝尘奔驰意，人却从容不迫。构图设计

① 丘文播，五代十国时期后蜀画家，工人物山水，后多画牛。

相当单纯，而表现技巧却十分高明，用笔精稳准确，非大手笔不能做到。这幅画也被盗出国外。

第四幅原藏东北博物馆[①]，现陈列于故宫博物院绘画馆，旧题五代胡瓌[②]《卓歇图》，著录中也有题《东丹王射猎图》的；实同画而异名。长卷起始是游骑弋猎归来景象，人马杂会，鞍辔间多横置白色天鹅。“卓歇”事见《辽志》，契丹人风俗习惯，照节令统治者必率诸王亲官属，于海子湖泺（pō）地猎天鹅射牛头鱼[③]，按官品等级纵鹰，高位最先放“海东青”，不得逾制越规。猎罢归来，立帐宿营，卫士执骨朵哥舒棒环立守护帐外，即为“卓歇”。本画帐幕在最后，二贵人帐前席地而坐，举杯奉酒，身后女子数人侍立，席侧尚有数人带着豹皮弓韬[④]恭立一旁，二人在席前斟酒，二人作舞容，二人站略远奏竖箜篌，女贵人头上亦戴高装巾子。男子裹软巾，佩弓韬侍立的也裹软巾，一般侍从则秃顶，头部两旁留小辫二，腰系革带，衣脚仅及膝。就画意说来，它还是《胡笳十八拍》主题画之一。人物服饰器具，如男子位分较高的裹巾子，后作双叉带结，位分较低的秃顶旁留发梳双辫，侍女衣则左衽（rèn）长袍，腰窄而下宽，长

---

① 即今天的辽宁省博物馆。

② 胡瓌（guī），五代后唐画家，室韦乌素固部落人，被认为是最早创作游牧民族生活画的画家。

③ 牛头鱼又称头鱼，即鲟鳇鱼，因头大似牛头而得名。契丹人流行头鱼宴，每当春季皇帝亲手捕获第一条鱼后，都要设宴庆贺。

④ 韬（tāo），弓袋。

覆脚趾，系丝带前垂，腰以下衣褶边缘有义襕[1]，头戴锥式浑脱帽，沿用锦带结作燕尾形。这一切都如《金史·舆服志》所说女真服制，和契丹服制相似而不尽同，可知原画产生的时代，比胡瓌或略晚一些，和传世陈居中画《胡笳图》倒相近。虽人马杂沓，落笔不乱。衣服敷彩作平涂法，席次侍女执酒壶纯作宋式。私意它的真正价值，不在作者是否胡瓌或陈居中，应在它是传世《胡笳十八拍》一个场面表现。产生时代必在辽金之际，表现上技法和构图设计，都可说是一件成功的有历史价值的作品。

第五幅只平列几个人，也是送别场面。个人所见到的是彩色复制品，原题元赵孟頫绘，和故宫收藏那个陈居中立轴一部分极其近似。即真出赵笔，仍是根据宋金时人旧稿粉本临摹节取而成。也可能原是宋代不题名旧画，或商人有意把原题割裂，改题赵作的。因为人物面貌衣装和其他种种，全是陈作式样，宋金制度，后来人是不能凭空想象的。这个画特别重要处，在衣服敷彩工细如传世《捣练图》，丝绸花纹画得极具体。男子衣黄色“团科瑞锦”，妇女衣“青碧小花染缬[2]”，妇女头上尖锥帽扎燕尾式金锦带结，衣角两侧加有着色丝绸义襕，材料既近于南北宋之际，装束更是女真装束，既非蒙古，也非南宋末南人装，这一点特别重要，值得注意。历来谈绘画考证和艺术鉴赏的，多乐于在一幅画中谈笔墨韵味，不大注意到

---

① 襕（lán），上下衣相连的衣服。

② 缬（xié），有花纹的纺织品。

这些具体问题。谈山水犹可说除笔墨韵味外无物可证，而鉴赏人物故事画，对于故事本来如还模糊不清楚，不免难言。衣冠器用更不能不有个基本理解。即或是小处，也可以帮助我们比较深入明白一些问题，至少是可推测出一幅画的相对年代。个人也并不认为冠服制度就是鉴别古画唯一的方法，不过，我们若把一幅画从全面去考察，对于它的时代判断会正确得多。

例如传世《洛神赋图》，世多以为出于东晋顾恺之手，只因为见于前人著录，引述的即不再加思索分析，其实说是顾，某几处可以证明？说宋人临摹，如原画即非顾，如何可以知道临的是顾？其实这都只是人云亦云、不加思索的结果。因为试从衣冠服饰略加注意，就不能不令人怀疑这个画的完成时代，可能要晚一二世纪。男子头上戴的名叫“漆纱笼冠”，创始于北朝的北魏北齐，有大量石刻壁画和出土俑可证。妇人头部上绕双鬟，也到南朝齐梁才流行，曾反映于刻绘，到隋唐则唯舞伎和壁画上龙女间或还使用。两者盛行的服饰时代都晚于顾，顾实画不出！又如传宋本《列女传》，插图亦有称出顾手笔的，衣冠更晚。总之，或以讹传讹，或不求甚解，长此下去，不加澄清，我们所盼望的人物画史，是不大会写得正确的！这画不知现在何处。

第六为传明人摹十八拍图，绢本着色，原藏南京博物院，近正由文物出版社印行，附于郭沫若著《蔡文姬》一书中。这个册子的底本，其实还是出于陈居中旧本，论笔墨，似不如其他几种扎实，论色彩，却也有些不同处。值得注意是帏帐幕庐诸物，比较具体，是明人据旧稿临仿有所充实的作品。部分男女服装已混乱,不今不古,由于作画者已难有意作伪。如竟有人根据这个画去探讨三国时南匈奴服制，不免难言而相当可笑!

就这几幅人物故事画而言，个人认为从主题相同研究它初稿产生的时代和背景，不失为一种有意义的试探。由此明白《胡笳十八拍图》的形成不会早于九世纪，间接也启发我们《胡笳十八拍》本文可能不会早于七世纪。主题相同表现不同的方法，也值得我们留心，例如第一幅写繁盛市容，方法上就有独到处。其他各幅写人物性格，也各有独到处；人物有繁简不同，设计构图亦因之而变。《卓歇图》不用背景，却比明摹十八拍有背景效果还好些。又如立轴背景有部分小土坡，皴[①]法用笔较简弱，缺少肯定感，不及辽陵壁画秋水秋山扎实，然而坡陀背后半露驼骑，却给人以辽阔感，比《卓歇图》迎面摄取有不同效果。又如画马，我们所见百马千马诸图，马数虽多，却少性格，只像是把十来马样前后错置而成，立轴马只五六匹一群，《卓歇图》马亦不到廿匹，因位置得法，却形成一种真实马群印象。真如旧话说的以少胜多，远过李公麟《马群图》。我们常说向优秀传统学习，这些不同表现方法，正是值得推荐的学习对象。

这几幅故事画除了在美术上的成就外，如能弄明白它产生的相对年代，实在公元十一二世纪间，衣服器物反映的也是这个历史阶

① 皴（cūn），中国画技法之一，用淡干墨涂出山石或树皮纹理。

段形象，对于中国新的古典歌舞戏剧的演出，如欲有所借鉴，就提供了重要参考资料。用作“文姬归汉”戏剧人物装扮，虽还不算符合历史真实第一手材料，用它做宋辽金时代有关戏剧服装道具参考，却十分有用。但是利用遗产必明白遗产，才有可能加以利用。

维摩诘故事画问题

敦煌画中有个武周垂拱二年画的《维摩变文殊问疾图》，如把现存晋北魏浮雕石刻维摩说法相比较看来，这个画是有些问题的。佛教艺术主题画各有目的。降生和涅槃，近于历史传记，重在增人敬信。九色鹿鹿王本生经，箴贪爱并有所讽喻。舍身饲虎太子须大拏经描写牺牲。维摩诘变，则近于为表扬并争取当时弘法护道的知识分子同路人而发。这个经变的重要性，是凡有佛教艺术石刻遗迹地方，都有一个相似而不同场面。晋六朝中原名画家，大都曾作过这个主题画。就中特别著名的，是顾恺之和袁倩。

佛教思想文化到中国，正确时代和过程虽难言，联系实际比较，《史记·封禅书》《汉书·郊祀志》叙述秦始皇汉武帝所好的神仙方士，安期生[①]卢跗[②]等，必然有些是外来物，通过了神仙巫术打入中国人

---

① 安期生，生卒年不详，黄老道学哲学传人，方仙道的创始人。

② 卢跗（fū），春秋时良医卢扁和相传黄帝时良医俞跗的并称。

信仰中，是可以想见的。初来并且不是什么高深教义，和房中医术关系反而密切，实用多于抽象的。西汉末成哀之际谶纬盛行，虽说出于中国本有的儒与阴阳的合流，反映的却是本位的巫术仪式和外来信仰一种政治斗争。唯佛教比较明确具体的仪式场面，在中国发生广大作用，大致还是汉末魏晋之际。《陶谦传》记笮融[①]道场事，可以依稀看出一点热闹情形。但这种种似对于当时普通群众有作用，对于士大夫层群众则不能起大作用。陈蕃、李膺、孔融、祢衡，都不会对之有多大兴趣。曹操时把方士招集在一处，曹植兄弟同论方士长处，可见出当时这种人物，技术实重于信仰，作风从文成五利[②]一脉相承下来。而这种方士，也就必然有外来的成分。

司马氏的政治结束了三国分割后，中国地主士大夫阶层对于封建主做的政治斗争，受汉末党锢的失败教训，再不能取李膺陈蕃方式，对政治有所主张号召群众，又不能用较后袁绍孔融辈方式，拥家丁部曲割据一方。但是这个阶层和现实政治是有距离和矛盾的。即或置身政府，观念意识也不免受制于实力派，无可作为。有些人又根本是个虚无主义者。玄风大扇而老庄抬头，恰恰是一种否定现实的反映。当时老庄虽并称，其中还有分歧。由桓帝祠奉老子起始，信徒转从章醮仪式发展，天师教为其必然趋势。庄子则发展而为清谈，

---

① 笮（zé）融，东汉末豪强，曾依附陶谦。

② 汉武帝求仙心切，先后将方士李少翁和栾大封为“文成将军”“五利将军”，后武帝发现被骗，下令将二者诛杀。

如竹林放诞支配了更多对于现实有所逃避的士大夫。这个阶层中人被征服的意识和自我中心的领袖欲，本来的矛盾，从清谈放纵中方得到一种调和或解放。这些士大夫多数是地主阶级的世家子，个人意识是纯封建的，言行表现却常是反现实的。既无何等明确坚定的思想或信仰待发挥，也缺少什么伟大政治抱负待实现。实际情形，多不免如干宝《晋纪》总论，葛洪《抱朴子》，颜之推《家训》等著作中常说起的汉晋齐梁人物性情作风：空疏、夸大、骄矜、任性，而又不善于经营世务。所以持论畅谈，适如传记中的邓析，两面俱能设论,通常也只是以能屈倒对方为主。有些人虽善于分疏抽象名理，说来头头是道，居多倒以言简意赅为胜，从片言只语见风度，定人品，使个人因之突出于群。方法还从儒家学庸论孟而来，下启后来禅和子[①]一语见机尖锐。这个阶层当时在政治上虽无大作为，在思想作风上，却支配了相当广大知识分子群。

佛教思想信仰，在这种社会空气下来进行宣传，和这个阶层接触，当然就取的是一个相互渗透的方式。同为唯心论，却从矛盾统一中结合而成一个维摩诘。经称维摩诘虽是个居士，对当时佛教经义却比大德高僧还在行，因之演说教义，也就格外透辟深入。还时常装病，来对探病者进行宣传。后来文殊问疾，还和其大谈佛法，天雨诸花。经故事对知识分子的引诱性，真所谓直中其心，这么一来，把当时

---

① 亦称“禅和者”，指一般禅僧或参禅的修行者。

这个阶层中的许多人，自然都打中了。用病维摩做成的绘画、雕刻，普遍流行。由顾恺之、张僧繇、陆探微、袁倩，到展子虔，都有这个经典故事的主题画。《建康实录》称恺之在瓦棺寺做维摩像一躯，公开观赏时，向群众募缘，俄顷即得百万。齐梁袁倩作《维摩变》，计有百余事。或画一像看看就能得巨款，或作连环画过一百事，在在都反映一种社会现实，即那个时代实有许多士大夫在做佛教中的候补维摩。《名画记》说顾作有"清羸示病之容，隐几忘言之状，为陆探微张僧繇所不及"。称袁作也以为"运思高妙，六法备足，置位无差，若神灵感会"。这种巨款的捐输和欣赏，可知绝不是平常百姓能做到，还是以中层统治阶级的士大夫作对象，特别是一些现实社会中欢喜服药、装病、和人谈名理的活维摩，都成为笼罩于佛教辩证术中而不自觉的宣传员。顾袁名迹不复存在，内容上难推想。云冈、龙门、天龙山、南北飨堂、北方几个著名造像石窟，却还有许多主题相同作风各异的维摩说法石刻留存。就中云冈第五洞，天龙山第三洞，维摩都和史传中记述晋人清谈风度相合，龙门宾阳洞的维摩，则病容清癯，神情萧散，更充分见出一个由士大夫化装而成的逸士高人风度排场。设计构图，和《名画记》所说顾恺之创作相近。顾作粉本上石，记称实出于唐杜牧之。至于龙门这个石刻是否和顾画有些关联？是否北魏时即由顾画扩大上石？却是一个待探讨问题。

这种中古时代具普遍性对佛教史大有关系的主题画，又还有个发展性、区域性。初唐敦煌的维摩变，作风就完全变了个样了。多病的维摩居士，忽然一变而成为文献中通常描叙到的石勒、桓温赳赵武夫模样。侍列群众则分成两行列，一代表中原帝王，一象征外邦君主。帝王行列和世传阎立本《帝王图》相近，外邦群众则为《职贡图》中人物。可知这个已浸透了民族形式的经变画，实在是从晋六朝清谈风气下得到支持、发展，先盛行于中原南北各地，隋唐之际方传入敦煌的。画像既成于武周垂拱二年，佛前帝王行列，可证明传本《帝王图》确成于唐代。且可推知壁画所根据的粉本，大约也成于中原高手名家。但维摩像须髯如戟，胡帽胡装，不免令人可疑。扮相和传统病维摩太不相合，模特儿何所取法？更是个问题。旧记称隋展子虔有《石勒问道图》，石勒据胡床，状貌英伟雄杰。内容如何不易详悉。明詹东图《玄览编》则称曾见《石勒问道图》，树石不古，近于赵千里画。《玄览编》作者评画有见地，说的话不会大错。据个人私见，原本《石勒问道图》，不问是否展作，和这个画的主题内容，必相差不太多。证据是这个画佛像作风装扮通是隋代式样，文殊背后的树法更是隋代画法。是否同一画的粉本写作不同的题目？值得讨论。又旧画有《番王礼佛图》，也可能和这个画有些关联。现存宋人《礼佛图》卷子，传自李公麟，佛像缺少古意，实非本来。又佛道历来是有斗争的。晋王浮作《老子化胡经》，称老子出关而转生成佛，感化胡王成为信徒。虽是小说家言，因据此作的《老子化胡经图》则已极久。唐初反映于敦煌壁上，是十分自然的。又或这种画的粉本，如由晚唐或宋人题署，是极容易称为《老子化胡经图》的。这三个问题，都极有意义。

又敦煌画中诸番王像及帝王行列，一般说多以为是供养人。如果画为供养人，普通人不能画成这个样子，真的又应当是武则天妇人像。私意这个主题画下面只能说是中外群众。它的来源可能是从旧称梁元帝《职贡图》和旧《列帝图》摘取而成，有万邦来朝意思。中唐以后人也有为迎合番王礼佛题旨而画，未必即是当时修功德施主的真正相貌。这些异邦君主，只二三见于西域其他壁画中，敦煌画却特别多。也有这种可能，即传世《职贡图》粉本，原由敦煌画集锦而成。说敦煌维摩变可能和《问道图》《礼佛图》《化胡经图》都有关联，实与历史变动关系密切。晚唐会昌灭佛，据《历代名画记》称长安除重要名迹保留一二，其余即大都完事。五代兵火相继，中原名刹古庙，更多毁去，名匠工师，也不免流转死亡，难继业务。花鸟山水画家随社会发展现实而兴起，四川有黄筌、黄居寀，江南有徐熙、徐崇嗣、董源等。人物画家也以善写绮罗妇女的受重视。加之道教得封建军阀支持，这个发展显然对于《花间集》一格的词曲，是有大影响的。宋初道教越有势力，反映宗教情感的仙真天官，自然都成为壁画中的新贵，佛教故事画，在一般人眼目中，就不免日益生疏。旧画题名舛误，亦随之而来。因此一幅《张议潮宋国夫人出行图》，和宋明人记录中常提起的《金桥图》《丽人行图》，都可能有关联。二画粉本如未注明出处，唐五代或宋人会题作金桥和丽人行图的。

六朝以来人物画，粉本流传，更易附会名目。例如被美帝骗走之《北齐校书图》，就和世传顾恺之《勘书图》《文会图》，大约是同一个粉本。名《文会图》和内容表现方合。这个粉本且可能还成于唐宋之际，非原画本来。著录中阎立本、张南本[1]、周文矩、丘文播、李公麟，都有这个画题。试找寻一点物证，作为画实晚出说明，从侍女中的波浪状额发或螺髻，即可得出些线索。这种额发实仿自菩萨装，并非以意为之。六朝壁画同式发少见，德人印西域画《高昌》第九图，主要菩萨作此式。敦煌盛唐以来画中菩萨群像，多相同式样。这种菩萨妆，如真的流行，必在隋唐之际方有可能，转用于现实人头上，不会较早于此。但也有相反可能。如《女史箴图》，女人鬓边长发下垂一绺，敦煌壁画魏时代供养人行列亦有之。照主要供养人罩曲柄盖制度说来，这种人物装束，必为当时敦煌最高统治者，有封王爵位眷属宫廷盛妆，时代应当在四世纪，如魏元荣[2]辈家属方有这个装扮可能。高昌唐代壁画中的菩萨侍从，却也有着发下垂鬓角制。很明显，这却是较先一代民族形式影响了后来佛画内容。前代宫廷贵族装束，发展而成后一代天神侍从根据，唐人画记中即常提到这一点。但是《北齐校书图》，如从主要人物作螺髻，及各种人物衣着，马像、侍从像说来，全不是隋以前人应有错误。大似李公麟据旧画有所增减而成。很可能是丘文播作的。这种种自然都只是一种估计，近于猜谜，难免和前说有附会错误。但从这么种种方面来看敦煌画，或批判检查中国几幅有历史性旧画，无可疑会理出一点线索，启发出一些新问题的。

---

① 唐僖宗时人，善于画火，曾在成都金华寺大殿画八明王。

② 元荣，北魏时人，曾获封东阳王。

又敦煌维摩变成于唐初，维摩像和史传所称太宗虬须相貌倒相合。照现存晋六朝石刻维摩像看来，实有结合了当时政治和宗教象征而成的意味。且恰恰把当时帝王是否拜佛的争论，做成一种矛盾调和的反映。唐代如用太宗像做模特儿，也是不足奇异的。

《高逸图》的伪托痕迹

此画以为成于晚唐川蜀名画家孙位，不足信。最有可能是依据西安一石刻《竹林七贤图》，由明代知识不多之无名画师增饰而成。因石刻已极草率，画工对于衣着应用器物又无知，无处不可以见出伪托痕迹，及错误处理。如另一图中人（或宜为王戎）手拄长柄如意，柄部必上下粗细如一，由画工无知，因作成上粗下细，十分可笑。本图中手执两晋清谈之士喜执的麈尾①，柄部特别讲究的用白玉或犀角作成，一般的亦必用竹木刮磨光洁而成。此用双线勾出，亦大误。二物唐人还使用，日本正仓院还藏有实物可证制度，孙位哪会画得如此不伦不类？又本图中高士所倚凭名"隐囊"，大王书中尚有"布帆平安隐囊无恙"，亦即《颜氏家训》中说到齐梁贵游子弟所爱好的当时流行时髦事物之一，文中说的是"驾长檐车、跟高齿屐……凭

① 麈（zhǔ）尾，魏晋清谈家经常用来拂秽清暑，显示身份的一种道具。

斑丝隐囊”,《北齐校书图》榻前一侍女手中抱持的一具和龙门石刻维摩斜倚的一具，形象极具体，原是个大鸭蛋形的靠枕。敦煌唐初贞观时壁画《维摩说法图》的维摩所依凭了那么一个靠枕，而且恰好是用唐代大团窠锦作成的。日本正仓院也保留了一件残隐囊，形近长方枕。本图中反映形象既不明确，花纹明明是团窠锦，更失制度，孙位当时在成都，恰恰是生产这种花锦的地区，哪会不明白情形？席上果盘是北朝时青瓷，唐三彩盘加大了些，还沿用，孙位也不应把这种器画错（上下形状均错得可笑）。至于一旁的侍童，就更不今不古。小侍童作得十分可笑，如作为南北朝处理，则宜将膝下加缚带，穿蒲练鞋，此穿唐代乌皮六缝靴，也画得不对。任何时代也不会出现这种装束，一身穿着和所捧杯盘无一不离奇可笑。即主题高士之南朝人的“菱角巾”，也交代不清楚。

以耳代目的鉴赏家既成习惯，无怪乎还照原件印成卷子，向外输出，并内定为一级品名作。这种唯心主义占上风，不可能弄清楚的。

白沙宋墓壁画

这是一九五一年在河南白沙水库建设工程中所发现的一座北宋时代坟墓壁画的一部分。原画高三尺，宽四尺，是我国宋代坟墓壁画重要遗迹。内容包括死者的家庭生活、日用器物、乐舞、仆从、狗马和建筑装饰彩绘。它的发现让我们具体明白了北宋时代中原地主阶级的墓葬制度，明白了坟墓壁画和人物故事画的发展性和现实性。

由汉墓壁画、唐墓壁画，到白沙的宋墓壁画，有一个共同的特征贯串着，一方面是在表现方法上掌握住现实主义的技巧，另一方面是这种艺术的成就，健康素朴是它的本色。用它和传世的画幅比较，壁画笔墨一般虽然都显得粗糙一些，却格外活泼、自然而又富于生命。

历史进入北宋阶段，在生产上的发展，如矿冶、农业、造纸、制矾，从胆矾取铜，烧瓷器、制茶、织锦和印染彩帛、造船及海外贸易，无一不得到普遍而显著的提高。但是，劳动生产者依然忍受着严重的剥削，过着极为痛苦的生活。例如这个墓主“赵大翁”，大致就是一个宗室地主，墓中除奏乐壁画外，还有作亲戚送礼的，作佃户样子送礼的。总之是反映宋代这种不劳而食的特权阶级，生前以剥削人民劳动生产果实为生，死后还得消费他的佃农一大笔财产。

白沙壁画的发现所提供的参考材料是极为丰富的，对于由词曲、音乐和舞蹈结合而成的歌舞戏剧，都可以得到某些说明。即以本图奏乐人的服装，如妇女孝冠和男子曲脚幞头，以及乐器种类和使用情形而言，用它来和敦煌壁画种种唐宋伎乐、工建墓座浮雕伎乐、朝元仙仗的龟兹乐部做个联系比较，这是中国器乐应用研究十分重要的材料。

又宋代绘画在中国绘画史上有一个显著特征，即山水花鸟画的抬头，我们不能同意某些绘画史学者的意见，以为山水花鸟画的兴起，完全堕落了中国绘画传统的现实性。却不能不承认，自此以后，人物画的确日见衰退，但从工艺装饰画中我们却知道，许多艺术家方面，其实还保留表现人物形象的优秀传统（例如从宋代民间窑瓷器上的刻画，就留下许多材料）。白沙壁画的发现，不啻进一步为我们说明直到北宋末年，艺术工作者在粉壁上作人物画的技术水平，这种忠于现实的艺术作风，不仅可以代表艺术成就的良好一面，还可以用它和许多传世的宋代人物画做比较研究。白沙壁画的发现，因为时代明确（确为北宋晚年），材料又具体，这就帮助我们对于一些传世人物画做进一步研究，这方面的意义也是深长的。

玉 石 记

中国古玉

中国的雕玉艺术，是从石器时代磨治石器发展下来的一种特殊艺术。它的初期作品，在形态和花纹上的成就，我们目下实在还不大明白。只知道至迟在公元前十二世纪左右，殷商时代古坟中出土的种种雕玉，就显示出它在艺术上已达成熟期。后来雕玉技术中的平面透雕、线刻、浮雕和圆雕，种种不同表现方法，都已具备。并且可以看出已经熟练运用旋轮车盘，利用高硬度的宝石末，和用高硬度金属工具，来切磋琢磨。艺术上的特征，即把严峻雄壮和秀美活泼几种美学上的矛盾，极巧妙地融化统一起来，表现于同一作品中，得到非常的成功。无论大型玉戈和玉刀，或是一件小佩玉，效果总是相同的。由于玉本质的光莹润泽，和制作设计上的巧慧，做工的精练与谨严，特别是治玉工人对于材料的深刻理解，使它在中国古代美术史中，占有一个特别重要的位置。

中国历史文献称商代最后一个帝王纣辛，因人民反抗他的残暴政治，自焚于鹿台时，身边还有宝玉一亿有余。统治者大量雕玉的占有，充分反映出中国奴隶社会的末期，奴隶主和奴隶之间的阶级对立，如何尖锐显明。当时一般人民进行生产、种植和狩猎，大都还使用石斧、石镰、蚌锯和石、骨、蚌箭头做生产工具，统治者却用精美玉器装饰他心爱的狗马和本人一身。这时期的玉器制作，自然多出于有技术的奴隶双手。

大致可以分作两部分：一、大型玉多属玉兵器和礼仪上用玉。兵器中有玉戈、玉矛头和玉斧钺等等，有的还镶嵌在刻有非常精美花纹的青铜柄上。礼仪用玉有圆形玉璧，筒状玉琮，齿轮状玉璇玑，等等。二、小件佩玉多从日用工具发展而来，大部分还不完全脱离实用范围，如玉鱼璜可做小刀，玉觿①可以解结。一部分又反映古代社会风俗习惯，特别生物如玉龙凤，常见生物如玉牛、玉虎和燕雀蛙兔，龙凤多用双线碾刻，制作异常精美，鸟兽虫鱼等生物，多用平面透雕，刻法简朴而生动。玉材大致可分白玉和灰青玉二系，还有比较少量的绿色硬玉。材料来源有从本土较近区域内取得的，也有从万里外西北和阗（和田）昆仑山下河谷中取得的。属于本土生产的，古称蓝田出美玉，或以为即陕西长安附近的蓝田。从和阗河谷中采取的，可以说明我国古代西北的交通，实远在三千年前。采玉必有专工，并且用的还是女工人（不过有关这种记载，是在七世纪的唐代才发现的）。

① 觿（xī），古代一种解绳结的锥子，用骨、玉等制成。也用作佩饰。

雕玉必用金刚砂，别名解玉砂。唐代贡赋名目中，忻州每年就贡解玉砂六十斤。周代只知道玉作有工正[①]专官，主持生产。从河中采取的名“子儿玉”，大小有一定限度；从山上凿取的名“山材玉”，有大过千斤的。汉代虽已见出使用山材玉的情形，但直到十三世纪，才使用大件山材玉。

周代前后八百年间（公元前十二世纪到公元前五世纪），雕玉工艺随同时代有不断进一步发展。主要是雕玉和中国初期封建社会，发生了紧密的结合，成为封建制度一部分。周代初年，虽把从殷商政府得来的大量宝玉，分散于诸侯臣民，表示有道德的帝王，把人民看得比宝玉还重要。但在公元前八世纪间，却出了个好探险、喜游历的帝王，驾了八骏马的车子，往中国西方去寻玉，直到昆仑山下，留下了一个穆天子会西王母的故事，影响到中国文学艺术和宗教情感二千多年，成为一个美丽神话传说的主题。

周代大型雕玉，由戈、矛、斧、钺衍变而成的圭、璋、璜、琮、璧，和当时青铜器中的钟、鼎，都是诸侯国分封不可少的东西，政治权威的象征，同有无比的尊贵地位。这种大型雕玉，特别是陕西出土，有可能是商周之际制作的薄质黑玉刀，一部分还依旧保持实用工具的作用，锋利坚刚，可以割切肉食。随后才成为种种仪式上的定型。器物中最重要的是圭、璧，既然是政治权威的象征，还兼具最高货

① 官名。相传少昊时即置，掌工匠营造。

币的意义。诸侯王分封，诸侯之间彼此聘问通好，此外祭祷名山大川、天地社稷诸神，婚丧庆吊诸事，都少不了要用到。后来加入由石庖丁衍变而成的玉璋、外方内圆近于机织衡木的琮、破璧而成半月形的璜，以及形制不甚明确的瑁，玉中五瑞或六瑞的说法，因之成立。当时国家用玉极多，还特别设立有典守玉器的专官，保管收藏。遇国有大事，就把具典型性的重器陈列出来，供人观看。玉的应用也起始逐渐扩大了范围，到士大夫生活各方面去。商周之际，唯帝王诸侯才能赏玩的，晚周春秋以来，一个代表新兴阶级的知识分子，也有了用玉装饰身体的风气，因此有“君子无故玉不去身”的说法。并且认为玉有七种高尚的品德，恰和当时社会所要求于一个正人君子的品德相称，因之雕玉又具有一种人格的象征，社会更加普遍重视玉。这里说的还仅指男子佩玉。至于当时贵族女子，则成组列的雕玉环佩，已经有了一定制度。孔子删辑古诗时，诗中提起玉佩处就极多。花纹上的发展，则和同时青铜器纹饰的发展有密切的联系，大致可分作三个段落，即西周、春秋和战国。礼仪用玉如圭璧，多素朴无纹饰，或仅具简单云纹。佩服用玉因金工具的进步，发展了成定型的回云纹和谷状凸起纹，和比较复杂有连续性的双线盘虬纹。佩服玉中如龙环、鱼璜和牺首兽面装饰镶嵌用玉，一部分犹保留商代雕玉做法，一部分特别发展了弯曲状云纹玉龙。玉的使用范围虽明显日益广大，一般做工却不如商代之精。大型璧在各种应用上，已有不同尺寸代表不同等级和用途，但比较普通的璧，多具一定格式，以席纹云纹为主要装饰。有一种用途不甚明确成对透雕玉龙，制作风格雄劲而浑朴，作风直影响到西汉，还不大变。这种薄片透雕青玉龙，过去人多以为是公元前二三世纪间制作的，近来才明白实创始于周代，至晚在公元前六世纪，就已成定型。

中国雕玉和中国古代社会既有密切联系，玉工艺新的进步和旧形式的解放，也和社会发展矛盾蜕变同时，实在公元前五世纪的战国时代。那时社会旧封建制度已逐渐崩溃解体，由周初千余国并为百余国，再兼并为五霸七雄，一面解除了旧的王权政治制度上的束缚，另一面也解放了艺术思想上的因袭。更因商业资本的发达流转，促进了交通和贸易，虽古语有“白璧无价”“美玉不鬻于市”的成规，雕玉艺术和玉材的选择，因此却得到空前的提高。相玉有了专工，雕玉有了专家，历史上著名的和氏连城璧，就产生于这个时代。韩非著述中叙卞和故事说，平民卞和，发现了一个玉璞后，就把它献给国王，相玉专工却以为是顽石，因此卞和被罚，一只脚去掉了膝盖骨。后又拿去呈献，玉工依然说是顽石，因此把两脚弄坏。断了脚的卞和，还深信自己见解正确，抱着那个玉璞哭泣，泪尽血出，悲伤世无识玉的人。后来玉经雕琢，果然成一个精美无比的玉璧。司马迁作《史记》，说璧归赵国所有，诸侯都非常歆羡。秦王自恃兵力强大，就派人来取玉，并诈说用五个城市交换。赵王不得已，派蔺相如带璧入秦国，见秦王无意履行前约，因用计完璧归赵。故事流传二千余年，还十分动人。和氏璧真实情形已不得而知。至于同时代因诸侯好玉社会重玉成为一种风气后，而提高了的雕玉艺术，则从近三十年在河南洛阳附近的金村和河南辉县地方发现的各种精美玉器，已经完全证实这个时代的雕玉风格和品质。花纹制作的精美，玉质的光莹明澈，以及对于每一件雕玉在造型和花纹相互关系上，所表现的高度艺术谐调性，都可以说是空前的。特别是金村玉中的玉卮、玉羽觞和几件小佩玉，故宫博物院收藏一件玉灯台和三四种中型白玉璧，科学院考古所在辉县发掘的一个白玉璜，一个错金银嵌小玉玦的带钩，无一不显明指示出，这个时代雕玉工艺无可比拟的成就。在应用方面，这个时期又开辟了两个新用途，一是青铜兵器长短剑，柄部和剑鞘的装饰玉，二是玉带钩。这两方面更特别发展了小件玉的浮雕和半圆雕。至于技术风格上的特征，则纹饰中的小点云乳纹和连续方折云纹，已成通用格式。又线刻盘虬纹，有精细如发，花纹活泼而谨严，必借扩大镜方能看清楚花纹组织的。由于应用上的习惯，形成制作上的风格，最显著的是带钩上镶嵌用玉和成组列的佩服玉，特别发展了种种海马式的弯曲形透雕玉龙。极重要发现，是金村出土的一全份用金丝纽绳贯串起来的龙形玉佩。至于玉具剑上的装饰玉，又发展了浅浮细碾方折云纹和半圆雕的变形龙纹[大小螭(chī)虎]。圆形玉璧也起始打破了本来格式，在边沿上着二奔龙和中心透雕盘夔（kuí）。一般雕玉应用图案使用兽物对象，有由复杂趋于简化情形，远不如商代向自然界取材之丰富。但由于从旋曲规律中深刻掌握住了物象的生动姿态，和商代或周初玉比较，即更容易见出新的特征。换言之，雄秀与活泼，是战国时代一般工艺——如青铜器和漆器的特征，更是雕玉工艺的特征。雕玉重品质，选择极精，也数这个时期……近三十年这种种新的发现，不仅对于历史科学工作者是一种崭新的启示，也为世界古代美术史提示出一份重要新资料。

西汉继承了这个优秀传统，做多方面的发展，用玉风气日益普遍，但在技术上不免逐渐失去本来的精细、活泼，而见得日益呆板，因之比较简质的半圆雕辟邪，应用到各种雕玉上去，也起始用到玉璧类。汉武帝时，因西域大量玉材入关，配合政治上和宗教上的需要，仿古制雕玉，于是又成为一时风气。二尺长大玉刀，径尺大素玉璧和礼制上六瑞玉其他诸瑞，汉代都有制作。由武帝到王莽摄政一段时期，祀事上用玉格外多。大型青玉璧中刻云纹或蒲席纹，外沿刻夔凤虬龙，制作雄壮而浑朴。大型璜玦也刻镂精工，然终不如周代自然。这时期社会崇尚玉色，照古玉书所称，贵重难得的玉计四种：黑玉必黑如点漆，黄玉必黄如蒸栗，赤玉必赤如鸡冠，白玉必白如截肪，才够得上美玉称呼。但汉坟中发现的却多白玉和青苍玉。所谓白如截肪，即后世的羊脂玉，汉代小件佩玉中的盾形佩和玉具剑上的装饰玉，都常见到。礼仪祀事用玉，则多用白、青和菜碧玉做成。又因大件重过百斤的山材玉起始入关，影响到汉代建筑装饰用玉也极多。政府工官尚方[①]制作有一定格式的大型青玉璧，已成为当时变形货币，诸侯王朝觐就必需一个用白鹿皮作垫的玉璧。诸侯王郡守从尚方购置时，每璧得出五铢钱四十万个。因之也成了政府向下属聚

① 古代制办和掌管宫廷饮食器物的官署。

敛的一种制度。宫廷中门屏柱椽间，则到处悬挂这种玉璧作为装饰。玉具剑上的雕玉，更发展了种种不同半圆雕和细碾云纹，风行一时。汉代重厚葬，用玉种类也更具体，有了一定制度。例如手中必握二玉豚，口中必有一扁玉蝉，此外眼耳鼻孔无不有小件雕玉填塞。胸肩之际必着一玉璧或数玉璧。贵族中有身份的，还用玉片裹身作玉甲。此外平时一般厌胜①用玉，如人形玉翁仲，方柱形玉刚卯，在汉墓中都是常见之物。当时小件精美雕玉是得到社会爱好，有个物质基础的。西汉末通人②桓谭就提起过，见一小小玉器，竟值钱二万。当时山东出的一匹上等细薄绸料和绣类，还只值钱一万五千！

出土汉玉较多，后人玩玉，因难于掌握时代，于是都把它叫作汉玉，式样古旧一些的又称三代玉。定名也大都无确切根据。其实由商到汉，前后约十三四个世纪，雕玉花纹和形制，各代是不尽相同的。玉材也不相同。且因入土时间有长短，各地土质又不一，时代性和区域性，因之显著明白。照历史时代可分作殷商、西周、春秋战国和汉代。照风格分商和西周为一段，春秋为一段，战国到西汉初为一段，东汉为一段。但雕玉工艺虽有其时代性，却由于工艺传统也有其连续性，严格的区别还是不可能的。

中国好玉风气和雕玉艺术，同汉代政治一样，结束于公元一世纪左右。文献上虽还叙述到汉末名人曹丕、吴质等人用玉具剑做礼

---

① 厌胜，旧时一种利用某种物品和形式避邪祈吉的习俗，最早可能起源于巫术。

② 通人，指学识渊博、通达古今的人。

物赠答，但古代玉佩制当时即已失传，幸得王粲从当时博学的蔡邕学习过，才恢复典礼中的玉佩制。近年山东发掘汉末著名诗人曹植坟墓出土玉佩数种，制作简朴而无风格可言，也可以证实这个时代的确是中国古代雕玉艺术的衰落期。此后不久，到晋代，因鲜卑、东胡、西羌诸民族陆续入侵北中国，致造成中国雕玉艺术中绝期四百余年，直到唐代，才又稍稍恢复，发展了第二期由唐到清代近一千年来的雕玉工艺。虽同是雕玉，它的方法基本上也还是相同的。但花纹的构成和在社会上致用的意义，有些和前一期雕玉，就已大不相同了。这个区别是需要另作叙述的。

玉的应用

玉的应用，是从石器应用挑选而来，所以一面保留石器的实用的种种，一面也就因为难得，很早即转到象征方面去，如圭，就是由石斧变化的。璋，是由石刀变化的。璧，是由圆石斧变化的。照现代地面知识，河南安阳殷墟，即发现过铜玉工作地，已分开。又商代玉雕琢已和牙骨铜器媲美，所以最低可以说，至少在三千二百年前，这个部门的雕刻美术生产品，已经用到分工的方式，为奴隶主大量生产。

玉的应用照中国文献记载，应当是从黄帝起始。提到这个问题多引《越绝书·宝剑篇》，说轩辕神农以石为兵，黄帝以玉为兵。《越绝书》出世晚，对于中国史说明不可靠。但是这种传说和近代推论却相合。《中国通史简编》即用这个意见，认为黄帝是一个西方民族，用玉做兵器侵入黄河流域。大致商代,奴隶主对于玉的应用已极广泛，所以《逸周书·克殷篇》，说武王伐纣，纣自焚于鹿台，简直是用玉包裹一身。

玉的质度既坚硬，所以玉的雕刻术的发达，必和铜的应用有关。那就是说玉的加工，大致是在商代。比较古的玉，必和石器差不多，只钻孔，磨光，刻镂少。

现在对于古玉的时代判断，比如玉斧类，一般方式即从花纹决定时代。作斧铲式，无花纹，打孔眼一面大一面小，或两面大中间小，孔圆而精，是古玉。大小一律是后作。这是一种判断。必需看玉材，作为补充知识。

玉材知识必从比较经验得来，图录不甚可靠。

到商代，玉纹饰多了些，有极精细的，如罗振玉藏的大玉刀，上面刻字多而精。但大多数重器，刻镂还少。可以做两种解释，如圭璋多朴素，所谓大器不琢，作为天子权威象征，不必有过多花纹。玉器过于坚硬，难刻花纹。

在应用上，照周代人记载，是那么处理，把它和奴隶社会制度做紧密结合。《周礼·考工记》玉人条说：

> 镇圭，天子守之。信圭，侯守之。躬圭，伯守之。

这就是说，这些变相的石刀，是归奴隶主掌握的，且居多用来镇压奴隶的。

璋，是天子巡狩时候祭山川的东西。巡狩是打猎也是打仗。玉戚、玉钺都是斧类，武王伐纣砍这个奴隶主和当时宠姬妲己的头，就用的是玄钺素钺，即是黑玉斧和白玉斧式武器。

圆形石斧到玉器上发展为三种，即璧、环、瑗。

这是日人滨田耕作的说法，或不尽可靠。因为中国细石器中发现的环状石器，即战国时的环或瑗，和石斧条件不合，倒像是古代货币代用品。璧、环等的说明多根据《尔雅正义》。它的区别是：

孔小边大，名叫璧。孔大边小，名叫瑗。孔和边相等，名叫环。

璧到后来是重要东西，礼天祭河聘问都用它，象征最重礼物。由礼器又转为佩饰。比较小，就名叫系璧，意思是悬挂佩的。这个制度从周代起始。上刻半浮雕子母夔，大致是汉代才用到。普通常见三五种，多汉式。

朝鲜汉代古坟的发现，又让我们知道大璧用到殉葬，是放在胸前。比较后一些时代用的青铜镜，也放在胸前，可能就是这个方式的遗留转变。

系璧中一种佩饰玉，有个缺口的叫玦，《广韵》说："佩如环而有缺，逐臣待命于境，赐环则返，赐玦则绝。"

其他史传上也常有提到，著名的如《史记》记项羽和刘邦鸿门宴时，项羽伏下甲士想害刘邦，范增累举玦给项羽看，表示要下决心，羽不忍。因此刘得借故逃脱。环则有还意思，也用到封建君臣男女关系象征上。后来一般用到衣袢上，直到唐宋和尚还用。

瑗和环用处同，荀子说召人以瑗，象征还。

又射箭时右手拇指扳弓弦用的和扳指相差不多的玉也叫作玦，有玉和骨牙做的，吴大澂[①]以为不是一物。这个或者名叫作韘（xiè）。

半璧名叫璜。《周礼》称大宗伯以玄璜礼北方，即祀地用的玉器。后来成为佩玉，由朴素到浮雕、透雕花纹，还有半圆雕双兽头的，是胸前装饰。

又有叫作珩（héng）的，式样相差不多。以为起源是模仿兽牙做成的。是矗挂的。古诗常提起，大约是周代封建主和上大夫普通装饰。

古代祭天祭地是一件大事。因为社会生产力主要是农耕和蚕桑。地下生产又非靠雨露阳光不可。祭天用璧，祭地则用琮，琮是方柱形中空的玉。《周礼》即提起黄琮礼地之说。注为八方所宗，像地德。用来祭地，由王后主管。诸侯献天子也用它。有好几种，常见的是分段形刻纹和素的。内圆外方。有象征，解说不大清楚。有的说和井田制有关系。有的说是从商周之际祭家庭的中溜来的(影响到瓷器，广窑的琮瓶即模仿而成)。也用来殉葬。和璋璧琮琥同。按照《周礼正义》说，是圭在左，璋在右，琥在足，璧在背，琮在腹。不大可信。和琮一样极短的，俗称车辋头，一般以为是封建主车轴的镶嵌装饰。似可疑。因从实物证明，有些极小，不适用。有些白玉质过精，不像车饰。可能用到人身上。

和琮同样不易理解的是璇玑。如一个齿轮，照例有三圭角，不雕花纹。因《尚书》有“璇玑玉衡，以齐七政”，后人解释作天文用

---

① 吴大澂（chéng），清代官员、学者、金石学家、书画家，民族英雄。

仪器。也即是汉代浑天仪，是看星宿用的，用法已不明白。也可能是石斧衍变下来的。这种玉多素朴不琢，时代旧。

磬本来是石质乐器，重在发音。商代发现过玉磬。是玉制乐器较古的。古乐器八音中之一种。

有名璂（qí）的，如大钮扣，古代皮帽上用装饰。

有玉笄，插头上的，后变作簪。直到唐代贯发还用得着。明清二代道士贯发也还用它，即圆柱簪。

珥，瑱（tián），或以为是耳环，或以为葬时放耳朵内，说法不一。后代耳环从这个产生。罗振玉以为是挂在耳朵上。

封建时代用玉，一切有象征，这个也有象征，封建主不乱听杂声。正如冠冕上下垂的珠和勾玉，挂在眼前，防止乱看。

有刚卯，是四方或六方小玉柱，上刻符咒，是王莽时方士造作的，说可以辟兵，也就是后来符牌意思。

翁仲是小玉人，多刻作老头子形，刻法简单，多汉或以前物。大都有孔可穿，可能是仿秦始皇时南海出的长人，孩子们佩戴易于长大，如后时符牌厌胜物。

璺，玉坠式佩玉，有圆雕，形短，多琮式。有琚，是玉佩间的东西，说明不大详。有觿，仿兽牙做成，即解结的锥。“礼”称童子佩觿，是小孩子用的。

玉既从石器发展下来，独立成一个系列。商周两代用玉的多，一面可见出西方交通和商业交换制度，这也是一个主要东西。就文献所载和杂史材料，中国送出去的是丝绸或粮食（晚些日子才有茶叶），拿回来最有用的是马，最无用的就是玉。玉虽由应用石器转成象征东西，在璧璜圭璋形态上还可看出。玉的加工精制，必是用铜器来处理材料时，到这时玉自然已完全脱离了应用，成为装饰。这个从铜器上也可看出变化。商代兵器玉钺玉戈,还兼用铜玉在一器上。刃用玉,用铜镶嵌。又有以铜为主的兵器,镶一点玉。再后是剑鞘、靶、托的玉的装饰，也即是古书上常提到宝剑值千金的玉具剑。剑不一定值钱，价值大半在玉装饰雕工上。由战国到三国，成为一种风气。这从现存的遗物可知。

剑鞘中段名叫璏（zhì），璲（suì，大多刻作云兽对称花纹，也有浮刻蟠夔的。时间晚些）。剑托名叫琫（běng）。又或作璏。剑柄部分叫琫。剑鞘下端叫珌（bì）。

汉代又讲究带钩，所谓视钩而异，意思是人人不同，很发展了小件浮刻圆雕设计，洛阳金村遗宝中有镶玉的。又另外有全玉的。《石玉概说》作者以为因胡服马上应用，带钩因此不用玉用铜，是一种推测，不甚可信。因用铜，中国兵车战也会自用，春秋时即有了，不必学来的。带钩虽已少用玉，玉带制度却一直到唐宋明，十分贵重。这时玉多是方片镶嵌，有的十二片成一围。清代复改制，一种是复古，盘龙盘螭，一种是刻龙。刻龙镶到金或鎏金的，制度容易认识。比较简略具体的区别，即明以前多圆刻，纹较简，清代多刻龙云，细密繁复。工虽多，并不美。

汉代既特别重玉饰，佩玉刻龙凤云是主体，式样特别多。另外还有玉鸠，是手杖头上用的，封建主尊敬老年，用这个作赏赐，因相传鸠不嗌[①]食，老年健康意。玩玉的也因此保存鸠杖头比较常见。

还有玉刻女人像，玉刻禽兽二十四肖，人多是一般佩件。为玩玉的所重视。又有方柱玉串，俗称十八子，十八枚形式不同，有人形、鸟形和其他状式，多汉代或以前出土。

玉既贵重难得，所以封建奴隶主和公侯士大夫统治阶级，直到死后还把它殉葬。纣王用玉裹身而死，只知道名天智玉的，火焚不毁。周汉两代殉葬玉，一部分是日用的，一部分是特别的。特别为死人用的有二种极重要：有玉豚，有的说握手用，有的说塞肛门用。象征意义已不明白。

有琀（hán），刻成蝉形，放口内，象征如蝉蜕化而升天，或根据方士黄帝成仙说而来。刻法都极简古，和翁仲，是刻玉法最简的，只用八刀。从何而来已不明白。

汉代王公大臣死，赏赐葬物有玉衣，多用小片玉金银丝穿成如甲状，汉墓中发现过。

玉鼎类容器，和铜器相同，多战国时和汉代器物。到后来只有香炉还保存。

玉碗玉杯，记载多，实物不多。玉杯多刻云夔纹，作筒形。饮器多用玉、斝（jiǎ）、爵、角、觥、斗、觞。玉斗是方杯，双耳。觥作兽形，大器。爵如鹤，高足。

洛阳金村遗宝里面，玉觞特别好。也有素的。形制和周汉漆陶

---

① 嗌（ài），咽喉窒塞，噎。

觞式相同，长圆双翅，本来是象征鸟翅，后来通称双耳。所以到汉时叫耳杯。是漆器上写的。晋代王羲之著名的墨迹《兰亭序》“曲水流觞”，就是把这种有耳朵的船式喝酒器皿（大体还是用漆的）浮到水里，大家坐在溪边喝酒事。这故事据记称是周公经营洛邑发明的方法。到现在为止，我们还不曾发现这个时代的漆觞。玉觞多战国时制，到现在为止，应数金村所发现玉觞足代表当时最高成就。

还有一种东西和历史关系极大，即封建主用的即位玉玺，所谓传国宝。最著名的玉玺是相传秦始皇时李斯写字“受命于天，天禄永昌”八字玺。做皇帝得不到它，就不能骗人。从此二千年封建，封建头子的印信总是用玉刻的。

战国到汉代普通官人也用小玉印，战国多平坛式，桥式，汉多有浮刻点龟兽纽头。字体易区别。制作上也易区别，战国制精美过于汉代。

还有一种玉镜，战国和汉代，和铜镜式同。到后代似只在武装的甲上做装饰。汉代有琉璃镜，即人造玉镜，可以说是后代玻璃镜的祖先。此外玉珠串簪环约指，直到现代还用。其中珠串用得最久，因从石器时代最初用起，到现代，女人永远少不了，和人发生关系，且恰恰是从锁链而来。到现代，应当如《共产党宣言》所说，无产阶级革命是去掉锁链，女人也应当把这个放弃了。

玉乐器的箫管，大多是唐代东西。记载上称盗发敦煌太守张骏墓，得玉箫管，等等。就文献说来，温峤用玉镜台一枚作聘礼①，已是稀礼。晋代二豪门王恺、石崇斗富，比赛珊瑚大小，一用丝步幛，一用锦幛，提玉器不多。《水经注》提昆仑山下西王母神祠用玉做成，都说明晋人已对于这部门工艺不常用，成为传说。所以外国贡玉佛，到东昏侯[2]时且被改作钗环，如玉多，哪用得着玉佛？所以晋六朝玉我们对它极少知识。如为唐代玉，比较容易辨识，即花纹。除仿古，花纹和唐代其他工艺美术必有相联系处，唐代已重玉带，多用玉片镶嵌而成。

① 据《世说新语》记载的东晋政治家温峤以玉镜台礼聘姑家之女的故事。

② 即萧宝卷，南朝齐皇帝，齐明帝萧鸾之子。

玉的价值判断色泽问题

王逸《正部》论，或问“玉符”。曰：“赤如鸡冠，黄如蒸栗，白如猪肪，黑如纯漆，玉之符也。”

《魏略》称：“窃见玉书，称美玉白如截肪，黑譬纯漆，赤拟鸡冠，黄侔蒸栗。”

这种红玉古名琼，黑玉名玖，名瑎（xié）。《诗经》上即尝提及。黄色有的说如蒸栗。后名甜黄。白的即羊脂玉。这种白色名瑳（cuō）。玉的价值和色泽有关，时代各有不同。到明代高濂著《遵生八笺》，以为：玉以甘黄为上，羊脂色次之。黄为中色，白为偏色。

又说今人贱黄而贵白，以少见也。所说多本于《格古要论》。以黄玉为重，可能起于唐代，因唐宋封建帝王多尚黄，牡丹也以黄为贵，是封建主色。白色则自古以来即重视，说美玉无瑕，多指羊脂玉或白玉而言。

明末宋应星著《天工开物》，则以为白绿两种玉是真玉，其余红黄应归入奇石琅玕[①]一类。

明张应文《清秘藏》，又以为红色最贵。

大体说来，玉的价值从四方面决定：一、纯洁光润，从品质定。二、色彩，因时代习惯而定。三、奇色，以稀少为贵。四、刻工，设计奇巧精美为贵。唯自明代起始，玩玉的风气一起，到清代直到民国，小件佩玉价值，忽然增高，每件到千百两银子。玉色的价值，又以殉葬玉受色沁出土经由人工盘磨现出的颜色决定。纯黑名水银浸，和玖玉的本色已大不相同。所谓五色玉，即一玉五色，价值特别高。完全是好古争奇结果。

如从汉代本简记载看来，说琅玕，说玫瑰，似所送的大都已琢成器，不是玉璞。也可能指明色泽，也可能只是文雅一点称呼。

又妇女用首饰，头上帽勒、耳环、手镯、戒指，翡翠绿玉的小小件头，动不动千百银子，而且直到现在，还是一种高价装饰品。市场大致以华南华侨及外国比较多。翡翠来源是缅甸腊戍边上，因此云南大理和昆明也保留治玉工艺，近几十年已大衰落，较重大器物多运香港、广州处理矣。

翡翠有结晶如晶片闪光的。绿而透明的名玻璃翠，极贵。也有白色和浅红的。

翡翠本鸟名，翡色即赤红色。但一般翡翠玉，多指绿色硬玉而言。

---

① 琅玕（láng gān），似珠玉的美石。

绿玉也有极不值钱的，即菜绿玉。和所谓碧玉又有区别。

明代以前菜绿玉琢器似不多，重要器多碧玉白玉二色。

清代玉大多从新疆和阗来，器物用菜绿玉的较多。故宫所藏可见，似乎多从大片山材玉而来。这多指本色玉言。汉王逸称古玉，所说四种美玉，和《诗经》上常用到的对于美玉的形容，可知赵国的和氏璧，楚国的白珩等等不离乎四种色泽。战国时和氏璧价值十五城，《战国策》上形容美玉且以为有一看也值十城的。说的虽嫌夸张，唯玉价之贵，也可想见。

桓谭是西汉末时人，《新论》即说，见一玉检，有人给价至三万，还不出售，应值十余万的。十余万钱在王莽时实不是一个小数目，比当时奴隶价就高多了的。古诗常说宝剑值千金，其所以值千金，一部分或在玉的装饰上，所谓玉具剑，即在剑鞘剑鼻，剑扩手剑柄的装饰玉上。

清代人袭明人旧习气，封建上大夫多玩玉。玉价因之特别提高，但爱重的已不在器物大件，供手中把玩的旧玉，似乎特别容易受重视。因此玉价在色泽上应分别为文字学上的和玩古董的两类。如称玉有九色，元如澄水曰瑿（yī），蓝如靛淀曰碧，青如鲜苔曰琄，绿如翠羽曰瓐（lú），黄如蒸栗曰玵（ɑ́n），赤如丹砂曰琼，紫如凝血曰璊（mén），黑如墨光曰瑎，白如割肪曰瑳，白色又分九等，赤白斑花曰瑌（ruǎn）。此新玉古玉自然之本色。

至于旧玉从玩古出发，则又分别外浸内沁色泽，各因接触浸染不同而作各种颜色。玩古的以为各种颜色多随地下水银沁入。受黄土沁名玵黄，受松香则名老玵黄，更好。受靛青沁色即蓝，色如青天，名玵青。受石灰沁色红，色如碧桃，名孩儿面（注称酷似碧玡。也即和石榴子同色）。受水银沁，色黑，色如乌金名曰纯漆古。受血沁的色赤，有浓淡分别，名枣皮红。受铜沁色绿，名鹦哥绿。

此外还有朱砂红、鸡血红、棕毛紫、茄皮紫、松花绿、白果绿、秋葵黄、老酒黄、鱼肚白、糙米白、虾子青、鼻涕青、雨过天青、澄潭水苍……总名十三彩。

另有虾蟆皮、洒珠点、翠磁纹、牛毛纹、唐斓斑等等名目。

把玩玉多从受热摩挲而得。这些颜色究竟是在地下如何形成，玩古的说法可能有所根据，实不易考。上面所说各色，多从明人记载，为清代玩玉专家陈性，在清末著的书中提及。另一刘心白，补充《玉纪》，为加上鱼肚白、鸡骨白、米点白、糙米白，青有蟹壳青、竹叶青、酱瓣紫，墨有纯漆黑、陈墨黑……这种种不同颜色，多是在出土玉经过盘功盘出的。凡是古玉，红色牛毛纹是共通性。《玉纪》补作者，以为这是人的精神沁入玉之腠理，血丝如毛，铺满玉上，而玉色润澤无土斑才是真的。由玩古出发，清代特重红玉，红色名目也就分外多。计有宝石红、鸡血红、朱砂红、樱桃红、洒金红、枣皮红、膏药红，等等。大多出古董商人说出的，但积因成习，早代替了文字学上对于玉的色泽称呼，为玩古的所熟习。一般最贵重鸡骨白和水银浸。鸡骨白如象牙，玩玉的以为受地火所炙变成。多汉代以前玉。鸡骨白或者以商玉为多。特点是镂刻简，制度严。微黄又名象牙白，泛青又名鱼骨白。这种色泽的旧玉，虽加工也不能再复原。

水银浸是有夹土斑的，纯黑中见朱砂点，加工复原时淡黑色成深青色，朱砂点变黄色。如本来是白玉，结果见五彩。不夹土斑的纯黑如漆，在日光下照，赤如鸡冠。又有水银古，在水中映照，有银星闪闪的真。这种种都出于玩玉者的说法。这种颜色必加工而成。加工方法计两种，一藏身上俟热用布摩挲，二在水中煮。因大多出土古玉，所谓生坑玉，和土壤石块相近，已失去玉的本来，不经人工是看不出的。

近代玩玉者之一，刘大同著《古玉辨》，对于这一点又总结前人经验补充新知，有些发挥。

红如血曰血古，微红曰尸古，水银沁曰黑漆古，纯白曰鸡骨白，微黄曰象牙白，微青曰鱼骨白。且以为受色沁不止九种，多到十多种，和瓷器中的窑变相同。由于玩玉而起，因此还有许多不同名称，如两色的称“黑白分明”，又名“天地玄黄”，三色为“三光照耀”，又作“三元及第”，广东南洋名“桃园结义”。四色名“四维生辉”，又名“福禄寿喜”。五色为“五星聚魁”，又名“五福呈祥”，通称“清五彩”。杂色到十五六种名“群仙上寿”或“万福攸同”，通称“混五彩”。另有铁莲青、桃花红、雪白、栗黄，等等。另外尚有秋葵西向，孤雁宿滩，银湾浮萍等等名目，都载于《古玉辨》中，从名目看，就可知这是玩玉的和无多知识的商贾定下的名称，大致清代风气作成的。古称良玉无价，又谚语说玉得五色沁，胜过十万金，都可见出一种封建的病态嗜好，发展到极端时情形。和玉工艺已无多关系。这种嗜好是一直延长到现代一部分封建遗老还未放弃的。由于这种嗜好影响到石印章，由明到清——到民国后，印章中的田黄、鸡血红、芙蓉白、苹果青，价值有时竟超过玉价百倍。

唯对于玉的颜色尊重，来源其实也就很古。玉书所举四色，至少是汉代一般认识。最先或者还是和宗教仪式有关，受阴阳家儒家阴阳五行说放到封建制度上去应用结果。《周礼》即说得很清楚：

> 苍璧礼天（古璧多青玉可证），黄琮礼地（琮多黄白玉），青圭礼东方，赤璋礼南方，白琥礼西方。

多和五行说相通，颜色必有所象征。和后代玩玉的对于颜色爱好是两件事。《吕氏春秋》称封建帝王按时季服用青赤黄白玄玉。如服指的是食玉，也即是古方士骗帝王用的方法，如《抱朴子》一书所说的把玉碾末和天上天然露水服下，那么封建主当时如吃玉，还是按四季用不同色泽的。

明清二代既因玩玉的把玉价抬高到比金子数倍或十数倍，因此自然即有伪造的杂色玉。这种作伪方法，几种玩玉专书都提到，《古玉辨》把它归纳成如下几项：

用虹光草加脑砂染玉，用竹枝火烤炙，即成红玉，名老提油。用乌木屑煨炙，玉即黑，名新提油。用红木屑煨，色即红。近代玉工多用这个方法。

又把羊腿割开，把玉放羊肉中，埋地下三五年，即取出一盘，即如古玉，名兰玉。

又杀狗乘热把玉放狗腹中，埋地下三五年，也可成土古，名狗玉。

用乌梅水煮玉，也可成水坑古。

造鸡骨白多用火烧玉，淬入水中或用水泼玉上即成。

用玉在乌梅水中煮，乘热放风雪中，或冰箱中，即可成伪牛毛纹。

又用毛坯玉器，用铁屑拌和，用热醋淬玉，埋地下几个月，就可成铁锈。起橘皮纹，铁锈作深红色，煮煮即变黑。且有土斑，不容易盘出。

总之，用硇（lǔ）砂、红木、乌木、紫檀、蓝靛，做成细末，把玉搁到里面，用火煨烤，都能染玉变色。想一部分变，一部分不变，就用石膏粉贴一部分，这部分即保留本色。

作伪地方照《古玉辨》计七处，长安为最，其次是苏州、杭州、河南洛阳、山东掖县、潍县及北京。长安、洛阳、潍县、北京多同时是造伪铜器石刻泥俑地方，既有高度商业价值，因之作伪也相当精。所以玩玉的对于这些地方的假古董，也不易于鉴别。

玉生产地在新疆分白玉河、绿玉河、乌玉河，出玉多不同。经近人考察，以为不可尽信。唯新疆产玉和缅甸产玉，性质似易区别。翡翠绿玉大多出于缅甸。

古玉出土以陕西甘肃多而好，冀、鲁、豫、晋、皖北徐扬较次。其余不受称道。这也可见玉的大规模应用，是在封建初期和铜器文化相并行，到汉末已成尾声。封建初期文化在黄河流域，淮河以南不大发现美玉，道理易明。唯近三十年古坟古墓发掘日多，如朝鲜汉墓的发掘，因此明白璧殉葬用在胸部，玉豚用在掌握中，并明白古称玉具剑几种装饰。既多明白了些古代用玉的方法，也说明玉的流动性，实随封建社会而存在，《玉雅》并称广东发汉墓，也发现玉具剑上的玉饰件璲或璏。可以证明古玉的分布，不限于淮北。生产地虽来自西方，封建制度所到的地方，都可能发现的。这种玉饰件就现在见到的说来，用的多是白玉，讲究的大体是白玉。碾和刻纹较多，浮雕较少。云龙兽夔纹多，盘璃少。最讲究部分在剑护手。战国或以前琢磨制度似比汉代精致。浮刻方法可以和铜器比较，但巧艺过之。因铜器从泥砂范铸成，下手易。玉为琢磨而成，施工难。所以当时玉具剑之所以贵重，既重在玉质，又重在工艺。正如带钩，从方寸材料间可以见出种种不同作风。

古镜记

古代镜子的艺术

中国金工用青铜铸造镜子，约在春秋战国时期。多数镜子的背面，都有精美的装饰图案，从造型特征和艺术表现看，可以分成两类，代表两种不同风格：一种镜身比较厚实，边沿平齐，用蟠虺（huǐ）纹做图案主题，用浅浮雕、高浮雕和透空雕等技法处理的，图案花纹和河南新郑、辉县，山西李峪村及最近安徽寿县各地出土青铜器部分装饰花纹相近。有一种透空虺纹镜子，数量虽然不多，做法自成一个系统，产生时代可能早一些。另一种镜身材料极薄，边缘上卷，图案花纹分两层处理，一般是在精细地纹上再加各种主题浅浮雕，地纹或作涡漩云纹、几何纹及丝绸中的罗锦纹。主题装饰有代表性的，计有山字形矩纹、连续矩纹、菱形纹、连续菱纹、方胜格子嵌水仙花纹，黼（fǔ）绣云藻龙凤纹、长尾兽（蜼）纹，及反映当时细金工佩饰物各式花纹。这部分图案比前一部分有个基本不同处，是它和古代纺织物丝绸锦绣花纹发生密切联系，制作精美也达到了当时金铜工艺高峰，产生时代可能稍晚一些，先在淮河流域发现，通称“淮式镜”。新中国成立后长沙战国楚墓中出土同类镜子格外多，才知道叫它作“楚式镜”比较正确。从现有材料分析，青铜镜子的发明，虽未必创自楚国，但是楚国铸镜工人，对于生产技术的进步提高和改进图案艺术的丰富多样化，无疑有过极大贡献。镜子埋藏在地下已经过二千三百余年，出土后还多保存得十分完整，镜面黑光如漆，可以照人。照西汉《淮南子》一书所说，是用“玄锡”做反光涂料，再用细毛呢摩擦的结果。后来磨镜药是用水银和锡粉做成的。经近人研究，“玄锡”就指这种水银混合剂。由此知道我国优秀冶金工人，战国时期就已经掌握了烧炼水银的新技术。这时期起始流行的鎏金技术，同样要利用水银才能完成。这些重要发现或发明，是中国冶金史和科学技术发明史一件重大事情，由于新的科学技术的应用，使得中国金工装饰艺术，因之更加显得华美和壮丽。当时特种加工镜子，还有涂朱绘彩的、用金银错镂镶嵌的、加玉背并镶嵌彩色琉璃的，都反映了这个伟大历史时期金铜工艺所达到的高度水平。

到汉代，青铜镜子应用范围日益广泛，图案花纹也不断丰富以新的内容，特别有代表性的如连续云藻纹镜，云藻多用双钩法处理，材料薄而卷边，还具楚式镜规格，大径在五寸以内，通常都认为是秦汉之际的制作。有的又在镜中做圆框或方框，加铸十二字铭文，“大富贵，宜酒食，乐无事，日有憙”是常见格式。或用“安乐未央”四字铭文，必横列一旁。

其次是种小型平边镜子，镜身稍微厚实，铜质泛黑，唯用“见日之光，长毋相忘”八字作铭文，每字之间再用二三种不同简单云样花式做成图案，字体方整犹如秦刻石。图案结构虽比较简单，铭文却提出一个问题，西汉初年社会，已起始用镜子作男女间爱情表记，生前相互赠送，作为纪念，死后埋入坟中，还有生死不忘意思。“破镜重圆”的传说，就在这个时期产生，比后来传述乐昌公主故事早七八百年。又有大型日光镜，外缘加七言韵语，文如《长门赋》体裁，借形容镜子使用不时，作为爱情隔阂忧虑比喻。另有一种星云镜，用天文星象位置组成图案，或在中心镜钮部分做九曜七星，又把四围众星用云纹联系起来，形成一种云鸟图案，这都是西汉前期镜子。

第三种是中型或大型四神规矩镜，用青龙、白虎、朱雀、玄武分布四方做主要装饰，上下各有规矩形，外缘另加各种带式装饰，如重复齿状纹、水波云纹、连续云藻纹、连续云中乌鹊夔凤纹，主题组织和边缘装饰结合，共同形成一种活泼而壮丽的画面。正如汉代一般工艺图案相似，在发展中起始见出神仙方士思想的侵入。这种镜子或创始于武帝刘彻时的尚方官工，到王莽时代还普遍流行，是西汉中期到末叶官工镜子标准式样。有的在内外缘间还加铸年号、作者姓名和七言韵语，表示对于个人或家长平安幸福的愿望。最常见的是“尚方作竟真大巧,上有仙人不知老,渴饮玉泉饥食枣”和“新有善铜出丹阳，和以银锡清且明，巧工作之成文章，左龙右虎辟不祥”等语句。有些还说起购买的做生意凡事顺心能发大财。又有铭文说“铜以徐州为好，工以洛阳著名”。它的产生年代和图案铭刻反映的社会意识，因之也更加明确。

第四种是大型“长宜子孙”“长宜高官”铭文镜，字体作长脚花式篆，分布四周，美丽如图画。图案简朴，过去人认为是西汉早期制作，近年来多定作西汉末东汉初期成品。此外还有由四神规矩发展而成的神人龙虎镜、分段神像镜、“位至三公”八凤镜、“天王日月”神像镜、凸起鼍龙镜、西王母车马人物镜，可代表汉末过渡到魏晋时代的产品。八凤镜用平剔法，简化对称图案如剪纸，边缘或作阴刻小朵如意云，富于民间艺术风味。神仙龙虎镜，有的平面浮雕龙虎和西汉白虎、朱雀瓦当浮雕风格相同，形象特别矫健壮美。一般多用浅浮雕，是西汉以来技法。较晚又用圆浮雕法把龙虎简化，除头部其他全身都不显明，产生年代多在桓帝祠老子以后，有署建安年号的。神仙龙虎镜加“胡虏殄灭四夷服，多贺国家得安宁”等七言诗的，创始于西汉，汉魏之际还有摹仿。又有一种高圆浮雕鼍龙镜，龙身高低不一，在构图和表现技法上是新发展。特别引人注意的是西王母东王公车马神像镜，铜质精美，西王母蓬发戴胜，仪态端庄，旁有玉女侍立，间有仙人六博[①]及毛民羽人竖蜻蜓表演杂技。主题图案组织变化丰富，浮雕技法也各具巧思。有的运用斜雕法，刻四马并行，拉车奔驰，珠帘绣幰[②]，飘忽上举，形成纵深体积效果，做得十分生动，在中国雕刻艺术史上是新成就，后来昭陵六骏石刻及宋明剔红漆雕法，都受它的影响。这种镜子浙江绍兴一带出现最多，为研究汉代西王母传说流行时代和越巫关系问题，提供了重要线索。

---

① 又作陆博，古代一种掷采行棋的博戏类游戏。

② 幰（xiǎn），车上的帷幔。

又根据近年出土记录，西汉以来还有鎏金、包金和漆背加彩画人物各种不同加工大型镜子产生。当时除尚方官工特别制作外，铸镜工艺在国内几个大商业城市，也已经成为一种专门手工业，长安、洛阳、西蜀、广陵都有专门名家，铸造各式镜子，罗列市上出售。许多镜子上的铭文，就把这些事情反映得清清楚楚。这些镜子当时不仅被当成高级美术商品流行全国，还远及西域各属及国外。近年在西北出土镜子，可根据它判断墓葬相对年代。在日本出土汉镜及汉式镜，又得以进一步证明中日两国间文化的交流，至晚在西汉就已开始,比《魏略》说的东汉晚期早过二百年。东汉末年到三国时期，还有一种铁制镶嵌金银花纹镜子，早见于曹操《上杂物疏》记载中。近年来这种镜子在国内也常有出土。镜钮扁平，图案花纹比较简质，和八凤镜风格相近，开启后来应用铁器错银技法。唯铁质入土容易氧化，完整的镜子保存不多。

晋、南北朝三百余年中，除神像龙虎镜、西王母镜，东晋时犹继续生产，此外还有“天王日月”铭文镜，边缘多用云凤纹处理，内缘铭文改成四言，如道士口诀律令。再晚一些又有分罫（guǎi）十二生肖四神镜、高浮雕四神镜、重轮双龙镜、簇六宝相花镜，等等。后四种出现于六朝末陈、隋之际，唐代还流行。南北朝晚期镜子图案逐渐使用写生花鸟做主题后，在技法表现上也有了改进和提高，花鸟浮雕有层次起伏，棱角分明，充满了一种温柔细致情感。主要生产地已明确属于扬州，可说明这阶段南方生产的发展和美术工艺的成就。

唐代物质文化反映于造型艺术各部门，都显得色调鲜明，组织完美，整体健康而活泼，充满着青春气息。镜子艺术的成就，同样给人这种深刻印象。镜身大部分比较厚实（特别是葡萄鸟兽花草镜），合金比例，银锡成分增多，因此颜色净白如银。造型也有了新变化。突破传统圆形的束缚，创造出各种花式镜。大型镜子直径大过一尺二寸，小型镜子仅如一般银币大小。并且起始创造有柄手镜。至于图案组织，无论用的是普通常见花鸟蜂蝶，还是想象传说中的珍禽瑞兽或神话故事、社会生活，表现方法都十分富于风趣人情，具有高度真实感。唐代海外交通范围极广，当时对外来文化也采取一种兼容并收的态度来丰富新的艺术创造内容，在音乐、歌舞、绘画、纺织图案、服装各方面影响都相当显著。镜子图案的主题和表现技法，同样反映出这种趋势。例如满地葡萄鸟兽花草镜、麒麟狮子镜、醉拂菻[①]击拍鼓弄狮子镜、骑士玩波罗球镜、黑昆仑舞镜、太子玩莲镜，都可以显著见出融合外来文化的痕迹。前一种图案组织复杂而精密，用高浮雕技术处理，综合壮丽与秀美成一体，在表现技法中格外突出。后几种多用浅浮雕法，细腻利落，以善于布置见长，结构疏密恰到好处。极小镜面也留出一定空间，使得花鸟蜂蝶都若各有生态，彼此呼应，整体完善而和谐。

唐代统治者宣扬道教，神仙思想因之流行，在唐镜的图案上也

---

① 拂菻（fú lǐn），中国古代对于东罗马帝国的称谓。

得到各种不同的反映。例如嫦娥奔月镜、真子飞霜镜、王子晋吹笙引凤镜、仙真乘龙镜、水火八卦镜、海上三神山镜，图案组织都打破了传统的对称法，做成各种不同的新式样。唐代佛教盛行，艺术各方面都受影响，镜子图案除飞天频伽[①]外，还有根据《莲花太子经》制作的太子玩莲图案，用一些胖娃娃做主题，旋绕于花枝间。子孙繁衍瓜瓞（dié）绵绵是一般人所希望。因此这个主题画在丝绸锦绣中加以发展，就成为富贵宜男百子锦。织成幛子被单，千年来还为民众熟习爱好。汉代铸镜做带钩多在五月五日，唐人习惯照旧，传说还得在扬子江中心着手，显然和方士炼丹有瓜葛牵连。又八月五日是唐玄宗生日，定名叫“千秋节”（又称“千秋金鉴节”），照社会习惯，到这一天全国都铸造镜子，当作礼物送人，庆祝长寿。唐镜中比较精美的鸾衔长绶镜、飞龙镜和特别加工精美的金银平脱花鸟镜、螺钿花鸟镜，多完成于开元天宝二十余年间，部分且为适应节令而产生。唐代社会重视门阀，名家世族，儿女婚姻必求门当户对，但是青年男女却乐于突破封建社会的束缚来满足恋爱热情。当时人常把它当作佳话奇闻，转成小说、诗歌的主题。镜子图案对于这一个问题虽少直接表现，但吹笙引凤、仙人乘龙、仙女跨鸾，以及各式花鸟镜子中鸂鶒[②]、鸳鸯、鹡鸰（jī líng）口衔同心结子相趁相逐

① 频伽，出现在唐宋净土变中的一种瑞鸟，佛经中常以其鸣声譬喻佛菩萨的妙音。
② 鸂鶒（xī chì），水鸟名，形体大于鸳鸯，多紫色，好并游，俗称紫鸳鸯。

形象及鱼水和谐、并蒂莲形象，却和诗歌形容恋爱幸福及爱情永不分离寓意相同。镜子铭文中，又常用北周庾子山五言诗及唐初人拟苏若兰织锦回文诗，借歌咏化妆镜中人影，对于女性美加以反复赞颂。

唐代特种加工镜子，计有金银平脱花鸟镜、螺钿花鸟镜、捶金银花鸟镜、彩漆绘嵌琉璃镜，这类具有高度艺术水平的镜子图案，有部分和一般镜子主题相同；有部分又因材料特性引起种种不同新变化，如像满地花螺钿镜子的成就，便是一个好例。这些镜子华美的装饰图案，在中国制镜工艺发展史上达到了一个新的高峰。

唐镜花样多，有代表性的可以归纳成四类：第一类宝相花图案，包括有写生大串枝、簇六规矩宝相、小簇草花、放射式宝相及交枝花五种。第二类珍禽奇兽花草图案，包括有小串枝花鸟、散装花鸟和对称花鸟等等；鸟兽虫鱼中有狮子、狻猊、天鹿、天马、鱼、龙、鹦鹉、鸳鸯、练鹊、孔雀、鸾凤、鹡鸰、蝴蝶、蜻蜓，等等。第三类串枝葡萄鸟兽蜂蝶镜，包括方圆大小不同式样。第四类故事传说镜，包括各种人物故事，社会生活，如真子飞霜、嫦娥奔月、孔子问荣启期①、俞伯牙钟子期、骑士打球射猎，等等。特别重要部分是各种花鸟图案，可说总集当时工艺图案的大成。唐人已习惯采用生活中常见的花鸟蜂蝶作装饰图案，应用到镜子上时更加见得活泼生

---

① 荣启期，春秋时人。为人精通音律，博学多才，其与孔子的对话是典故“知足者常乐”的来源。

动（这是唐镜图案最值得我们学习的一点）。花鸟图案中如鸾衔绶带、雁衔威仪、鹊衔瑞草、俊鹘衔花各式样，又和唐代丝绸花纹关联密切。唐代官服彩绫，照制度应当是各按品级织成各种本色花鸟，妇女衣着则用染缬、刺绣、织锦及泥金绘画，表现彩色花鸟，使用图案和镜子花纹一脉相通，丝绸遗物不多，镜子图案却十分丰富，因此镜子图案为研究唐代丝绸提供了种种可靠材料。

唐镜在造型上的新成就，是创造了小型镜和各种花式镜，打破了旧格式，如银圆大小贴金银花鸟镜，八棱、八弧、四方委角等花式镜等。

宋代镜子可分作两类：在我国青铜工艺史上应当占有一个特别位置的，是部分缠枝花草官工镜。造型特征是镜身转薄，除方圆二式外，还有“亞”字形、钟形、鼎形及其他许多新式样出现。装饰花纹也打破了传统习惯，做成各种不同格式。新起的写生缠枝花，用浅细浮雕法处理，属于雕刻中“识文隐起”的做法。图案组织多弱枝细叶相互盘绕，形成迎风浥露效果。特别优秀作品，产生时代多属北宋晚期。宋人叙丝绸刺绣时喜说“生色花”，有时指彩色写生折枝串枝，有时又用作“活色生香”的形容词，一般素描浮雕花朵都可使用。这种“生色花”反映于镜中图案时，作风特别细致，只像是在浅浮雕上见到轻微凸起和一些点线的综合，可是依然生气充沛，具有高度现实感和韵律节奏感。这一类官工镜子，精极不免流于纤细，致后来难以为继。另有一类具有深厚民间艺术作风的，用粗线条表现，双鱼和凤穿牡丹两式有代表性，元明以来犹在民间流行。

北宋在北方有契丹辽政权对峙，西北方面和西夏又连年用兵，因此铜禁极严，民间铸镜多刻上各州县检验铸造年月和地名，借此得知当时各县都有铸镜官匠。第二类镜子的创作，就完成于这种地方工匠手中，文献和实物可以相互证明。

青铜镜子的生产，虽早在二千三四百年前，一直使用下来，到近二百年才逐渐由新起的玻璃镜子代替。如以镜子工艺美术而言，发展到宋代特种官工镜，已可说近于曲终雅奏。劳动人民的丰富智慧和技巧以及无穷无尽的创造力，随同社会发展变化，重点开始转移到新的烧瓷、雕漆、织金锦、刻线等等其他工艺生产方面去了。青铜工艺虽然在若干部门还有不同程度的进展，例如宋代官制规定，还盛行金银加工的马鞍装具。最低品级官吏，都使用铁錾（zàn）银鞍镫。铁兵器杂件也常错镂金银。宋宣和仿古铜器，在当时极受重视，制作精美的商周赝品，直到现代还能蒙蔽专家眼目。创造的也别有风格，不落俗套。南宋绍兴时姜娘子铸细锦地纹方炉，在青铜工艺品中还别具一格。不过制镜工艺事实上到南宋时已显明在衰落中，特别是在南方，已再不是工艺生产的重点。这时扬州等大都市的手工业多被战争破坏，原有旧镜多熔化改铸铜钱或供其他需要。一般家常镜子,重实用而不尚花纹。在湖州、饶州、临安闻名全国的“张家”“马家”“石家念二叔”等等店铺所做青铜镜子，通常多素背无花，只在镜背部分留下个出售店铺图记。一般情况且就铜原料生产地区，由政府设“铸鉴局”监督，和铸钱局情形相似，用斤两计算成本，三百十文一斤。镜工艺术水平低落是必然的。私人铸造虽然还不断创造新样子，却受当时道学思想影响，形态别扭，纹样失调，越来越枯燥无味。如有些用钟或鼎炉式样，铸上八卦和“明心见性”语句的，在造型艺术处理上不免越来越庸俗。女真族在北方建立的金政权和南宋政权对峙，生产破坏极大，官私铸镜，虽还采用北宋串枝花草镜规模，此外也创造了些新式样，但就总的趋势说来，工艺上还是在日益下落中，少发展，少进步。

唐卷枝花镜

这是一面唐代镜子的卷枝花图案。原物径大约中尺六寸，是属于唐镜中比较素朴的类型。浮雕组织健康、活泼而完整。唐代装饰艺术处处见出对于自然的热爱和高度理解。艺术中的现实性和节奏感，从这种镜纹的处理上我们也可以看得出来。

中国人民普遍地使用镜子大约在春秋战国之际。楚国的“楚式镜”尤能代表当时镜工艺的高度成就。这时的镜子是青铜制造的。中国人民一直使用铜镜，到清代中叶才被外来的玻璃镜子所代替。唐镜是中国青铜镜工艺的高峰（宋以后转向其他方面），并且由于镜子的发展而连带地发展了镜奁。例如由于花式镜子的产生，就发展了花式镜奁，对漆器的彩色和镶嵌技术都有了进步。唐镜承汉魏六朝之绪，却又有它自己的时代色彩。从冶金技术上说，合金成分已经打破了汉代的“铜七铅锡共三”的比例，接近了“铜与铅锡各半”的比例。因此虽沿青铜镜之名，而实质上已经是白铜镜了。从形态上说，早期还多圆式镜面，铭以诗句，饰以兽纹，稍后就打破了格式上的拘束，各种花式镜纷纷出现。从花纹技巧上说，海兽葡萄中夹以蜂蝶花鸟，是吸收了外来影响加以融化的结果。漆背金银平脱大型花鸟镜，漆背螺甸镶嵌大中型花鸟镜和全面贴金贴银小串枝中型及小型花鸟镜，是进一步发展战国以来的金银错、螺甸，捶金银镶嵌工艺和漆工艺，把两种长处合而为一的成功。从而在精英、完整上达到了镜工艺的高峰。

大卷枝图案如像本图形式的，常常用更丰富的色彩和十分复杂的形式，大胆地表现在当时土木建筑的主要部分上。它们代表着唐代高度物质文化成就的一面。当开元、天宝全盛之际，有在皇帝生日那天铸造镜子，上下相互馈送的习惯。而在肃宗以后，有些需要特别加工的镜子，竟一再地法律禁止，不许再做，部分技术也因之失传。足见唐镜工艺的兴衰不外是社会经济的一种反映。

西王母画像镜

这是魏晋之际一面青铜镜子上的部分浮雕图案。这种镜子通名西王母画像镜，主要出土地是浙江，是从一九三五年以来因绍兴发掘古墓才具体明白的。照出土其他文物和部分镜中铭文比较，这种镜子可作魏晋之际南中国生产发展特有代表性的工艺品。浮雕的成就是优秀的。这种镜子浮雕多作四分法布置，东王公西王母各据一方，身旁还常有玉女羽人侍立，或献舞作乐。其余部分或用青龙白虎装饰，或用这种轿式马车，由一马到八马，处理的效果都十分生动，简拙中还显得妩媚，就镜工艺说是汉镜的尾声，却给人有“曲终雅奏”印象，斜剔法上承战国犀毗钩的做法，下启后来南京萧梁墓辟邪石刻，和长安唐昭陵六骏石刻。更间接影响到宋明剔红漆器的技法。从题材内容说，除西王母镜外，还有伍子胥和吴王夫差镜，及其他杂神镜，一面可和邯郸淳曹娥碑所提及的曹盱能“抚瑟弦歌婆娑乐神”的越巫联系，明白它的产生，和南方对于西王母信仰及越巫问题必关系密切。另一面，也因此可以从实物出土记录，提供我们作文史研究的一点新材料，可证明传世几个涉及西王母的汉人小说，如《神异经》《十洲记》等等，产生的时代，都必然和这些镜子相差不多远。从社会生产交通工具说，则这种轿式马车，式样也值得注意。因为帘幔下垂，旁开小窗，后曳长帛，显明和山东、四川、辽阳一般汉代石刻、砖刻、彩绘所反映的车式不大相同，而有了进展。却和南北朝以后陶俑、绘画、石刻所表现的车式相近。当时或是中国南方的真正车子式样，又或只是为仿像周穆王乘八骏马周游天下，往昆仑瑶池不死之乡会西王母的神车（也和山东石刻及敦煌北朝壁画神车不同），实际却影响到后来中国马车牛马的轿式制作。特别值得注意处，是它在艺术上的成就，刻法简质，却掌握住了车马形象的活泼神气（照镜子人像，是汉石刻上的）。

镜子的故事（上）

历史博物馆在午门楼上有个新的全国出土文物展览，三千七百件文物中有许多种脸盆和镜子。把它们的时代、式样，和出土地区都弄清楚后，我们也可以得到许多知识。如联系它们应用时的社会背景和发展关系，这些日用东西，也可为我们解决一些过去没有明白的历史问题。并启发我们，中国古文化史或美术史的研究，有一条新路待人去走，就是把地下实物和历史文献结合，用发展和联系看问题的方法。若善于运用，会有些新的收获可以得到的。

我们不是常说起过，人类爱美心是随同社会生产发展而逐渐提高的，至晚在彩陶出现的时期，我们老祖先既然能够做得出那么好看的有花纹陶器，又会用各种玉石兽牙虾贝装饰头部和手臂，石头生产工具也除实用外要求精美和完整，对于他自己的身体和脸上，总不会让它肮脏不堪。但是怎么来解决这个问题？除相互照顾可能就是从水中照着影子来解决。没有陶器时在池水边照，有了陶器就用盆子照。这种推测如还有些可信，彩陶中钵子式器物，或许就是古人作盥洗用的东西，本有名字我们已不知道。到后来随着社会发展，到了青铜器时代，洗脸和照脸分成两种器物，用铜做的来代替了。中国人最初使用镜子，到目下为止，我们还缺少正确知识。虽俗说“轩辕造镜”，轩辕的时代科学家一时还难于肯定。过世不久的专家梁思永先生，在二十多年前发掘安阳殷商墓葬和文化遗址时，据说从青铜遗物中，已发现过镜子。这就是说，中国人能掌握青铜合金做种种工艺品时，一部分人生活用具中，也起始有了镜子。算时间，至少是三千二百年前的事情！可惜没有详细正式报告，思永先生已成古人了。

从古代文献叙述中，可以知道有史以后，古人照脸整容，的确是用一个敞口盆子，装满清水来解决的。这种铜器叫作“盘”或“鉴”，盘用于盥洗，鉴当作镜子使用。古器物照例刻有铭文，盘铭最古的，无过于传说成汤盘铭“苟日新，日日新，又日新”九个字。其次是武王盘铭“与其溺于人也，宁溺于渊”十个字。鉴铭最古的传说是周武王鉴“瞻尔前，顾尔后”六个字。都是语言警辟，可惜无实物做证。从文字措辞比较，我们说这种盘子可能古到商周，铭文却是晚周或汉代读书人做的。最著名的重要实物无过周代的“虢季子白盘”和“散氏盘”，商周遗物中，虽常有虺龙纹和鱼鸟兽纹青铜盘出土，多和食器发生联系，可不大像宜于贮水化妆。这次西北区郏县出土一个东周龙纹盘，和华北区唐山出土一个燕国兽纹盘，就和食器同在一处。这类铜盘也有可能在祀事中或吃喝前后用来洗洗手，或诸侯会盟时贮血水和酒浆，参加者必染指盟誓。但和个人化妆关系究竟不多。鉴的器形从彩陶时代就已确定，商代瓦器中常有发现。这次郑州出土瓦器群，就有几件标准式样。是底微圆，肚微大，缩肩而敞口，和春秋战国以后的鉴很相近。但是这东西当时的用途，我们却取个保留态度。因为看样子，用于饮食比用于盥洗机会还多些。

成定型的青铜鉴，多在春秋战国之际才出现。目下国内最重要的实物，有如下几件：

一是现存上海博物院山西浑源出土的二大鉴，鉴口边沿铸有几只小虎攀援窥伺，雕刻得十分生动神气。另一件是河南汲县出土的水陆交战人物图鉴，重要处是它的图案设计，丰富了我们对于战国时人生活方面许多知识，剔空部分当时可能还填有金银彩绘。第三件是科学院新近在河南辉县发掘出土那一件，上面有精细刻镂花纹，包括两层楼房的建筑，和头戴鹖尾冠人物燕享奏乐射箭生活，鸟树狗马杂物形象，并且很像用熟铜捶薄方法做成的。第四件是大型彩绘陶鉴，也在辉县出土，花纹壮丽而谨严，可作战国彩绘陶的代表。另外还有一件传说辉县出土彩绘漆大鉴，原物已经残毁，不过从残余部分花纹，还可以看出它壮丽而秀美的构图，和同时代金银错图案极相近。其中除浑源大鉴，还像一个澡盆，辉县漆鉴，本来可能贮满清水时便于照脸，其余几件东西，居多还像酒食器。古代如果真的用鉴做化妆用具，求它切于实用，这种鉴可能是“漆”做的，讲究的就用错金银做边缘附件。证据是出土物中发现过许多这种错金银或青铜刻花圈形附件，小型的已知道是贮镜栉的奁具，口径大到一尺二寸以上的，至今还不能明白用途。照例说它是装东西的“容器”，是并不具体的。一切日用器物，绝不会凭空产生的，和前后必有联系。它虽上无所承，而下却有所启，西汉初叔孙通著《汉礼器制度》称，“洗之所用，士用铁，大夫用铜，诸侯用白银，天子用黄金”。洛阳金村曾出土过战国小型桃式银洗。汉代瓢式银匜（yí）已有发现，纯金洗却未出过土。如照《贡禹奏议》所说，则银和金也可作金银镶边的漆器解。极明显，到了汉代，士大夫通用鉴式另有发展，而且专用作盥洗工具了，通名就叫作“洗”。别名叫作“朱提堂狼洗”，西南朱提郡是主要生产地，格式也有了统一化趋势，花纹不是一双鲤鱼或一只大角羊，就是朱鹭和鹿豕，并加上“大富贵乐有鱼”“长乐未央”等等吉利文字，是用阳纹铸到洗中心的。另有一种小型洗，多用细线阴刻满花云中鸿雁麋鹿熊罴或龙凤做主题，绕以活泼而流动的连续云气，用鎏金法做成的。显然是照叔孙通所说，汉代王侯贵族才能使用。在汉代工艺品中，这是一种新型的生产。还有一种中型缺边碗式洗，铜、陶、漆都发现过，多和贮羹汤醴酒的羽觞一道搁在平案上。晋代青釉陶瓷的生产，既代替了青铜的地位，洗即发展成两个式样：大小折中于中型鎏金洗和平底碗之间，在边沿或留下一圈网纹装饰和几个小小兽面，或只有两道弦纹，中心留下两只平列小鱼浮雕，反映到南方缥青瓷生产的，随后就有印花越州窑、龙泉窑的中型洗。至于宋代钧、官、汝、哥南北诸名瓷，却多把一切装饰去掉不用。北方定窑则在双鱼外又加有种种写生花鸟装饰。这种“洗”如依然有实用意义，大致只宜洗笔不再洗手了。还有一种容量和“朱提堂狼洗”相差不多，稍微改浅了一些，边沿摊平，一切装饰不用，只在边沿和中心部分做几道水纹，晋六朝以来，南北两大系的青瓷都用到，发展下来就成了后世的“脸盆”。例如这次华东区扬州农场出土的一个，就属于缥青瓷系；中南区广东出土的一个，就属于北方青瓷系。宋明以来标准式样，是故宫宋定式墨绘脸盆，是这次陈列的宋赵大翁墓壁画化妆时用的脸盆，和在首都七个明代妃子墓中发现的那个黄金脸盆，和另一个比较小一些的嵌银龙凤花纹脸盆。这种式样一直使用下来，在不同地区，用不同材料，和种种繁简不同花纹装饰，直延续到明清二代，有景德镇青花脸盆，有彭城窑面盆，有宜兴挂釉加彩脸盆，有广式苏式白铜脸盆，随后才有“景泰蓝”和“铜胎画珐琅”的脸盆出现。现代搪瓷盆就由之演进而来。

至于镜子呢，古人本来也叫作“鉴”。因名称意义容易混淆，现在有些人就把同一器物，战国时的叫“鉴”，汉代的叫“镜子”。这种区别并不妥当。因为战国时人文章中已常提起镜子。把战国的镜子叫作“鉴”，是根据叙述周代工官分职的专书《考工记》而来。书中在金工部门说，“金锡半，谓之鉴燧之齐”，译成现代语言，就是“作镜鉴的合金成分，是铜锡各半”。但照注解“鉴燧”指“阳燧”，是古人在日光下取火用的。此外还有“阴燧”，可对月取水。卫宏《汉官旧仪并补遗》也说过“皇帝八月酎……用鉴燧取水于月，以火燧取火于日”。三国时高堂隆却以为“阳燧取火于日，阴燧取水于月”。崔豹《古今注》并说明取火的方法，“照物则影见，向日则火生，以艾承之则火出”。说法虽不相同，可见这种古代聚光取火镜子，起源必定相当早，到汉代封建帝王还当成一种敬神仪式使用。我国古代科学发明极多，对于世界文化有极大贡献。早过万年前的石器时代，既然就会钻木取火，进入青铜时代，又会用“阳燧”取火，应当是可信的。不过在考古材料中，我们今天还不曾发现过青铜做的“阳燧”，发现的多是照脸用的各种镜子。铸镜成分各时代也不相同，早期镜子大约百分比是铜占七五锡铅占二五。镜子铸成必加工磨光，西汉淮南王刘安著的《淮南子》，就叙述过古人磨镜方法，是把“玄锡”敷到镜面上，再用细白毛织物摩擦拂拭，才能使用。“玄锡”就是水银。磨镜子古代早有专工，《海内士品》一书中，记述汉末名士徐孺子，想去送他老师江夏黄公的丧葬时，没有路费，就带了一副磨镜子的家伙，沿路帮人磨镜糊口，终于完成愿心。“青铜时代”虽到战国就已结束，青铜镜子的工艺，却一直沿袭下来，一百余年前，才由新起的玻璃镜子代替。《红楼梦》小说写刘姥姥进大观园，吃醉了酒，糊糊涂涂撞进宝玉房中时，先走到一个“西洋穿衣镜”前面，看见自己的影子，笑眯眯的，还以为是“亲家”。这是许多人都熟习的故事。其实当时的城里人，也居多还使用铜镜。

过去一般读书人，认为镜子从秦代起始，是受小说《西京杂记》的影响。“高祖初入咸阳宫，有方镜，广四尺，高五尺九寸，表里通明。人来照之则倒见，以手扪心来，则见肠胃五脏，历然无碍”。旧社会老百姓上衙门打官司时，照例必用手拊心，高喊一声：“请求青天大老爷秦镜高悬！”典故就出在这个小说里。意思是把那位县官当成“秦镜”，明察是非。镜子照见五脏，不会真有其事。但是战国已有方镜，这次长沙楚墓就有一面出土。大过五尺的方镜，汉代却当真有过。晋初著名文人陆机，给他的弟弟陆云书信中，就提起过“见镜子方五尺三寸，宽三尺，照人能现全影”。《西京杂记》多故神其说地方，不尽可信。陆机所见古代实物，是相当可靠的。也有洗澡用的大型铜澡盘，能容五石水，见曹操《上杂物疏》。郭缘生《述征记》还说，这个澡盘在长安逍遥宫门里，面径丈二。可知是秦汉宫廷旧物。

从出土实物和文献结合看来，镜子大致和盥洗的“鉴”同时，约在春秋战国之际才比较普遍应用。战国时著名思想家庄周和韩非，文章中都引用过镜子做比喻，可见是当时人已经熟习的东西。最著名的，是《战国策》上说到的邹忌照镜子故事。故事说，城北徐公有美名。邹忌打扮得整整齐齐去见齐王以前，问他的妻、妾和朋友，比城北徐公如何？三人都阿谀邹忌，说比城北徐公美。但是邹忌自己照照镜子看，却实在不如。不免嗒然丧气。因此去见齐王，陈说阿谀极误事。阿谀有种种不同原因，例如“爱”和“怕”和“有所请求”，都能够产生。官越大，阿谀的人越多，越容易蒙蔽真理，越加要警惕。齐王采纳了他的意见，改变作风，广开言路，因此称霸诸侯。故事虽流传极久，一般人对于镜子的认识，还是除“秦镜高悬”，另外还知道“破镜重圆”。这两个名词，一个表示明察秋毫，一个表示爱情复好。至于故事的详细内容、本源，即或是“读书人”，照例也不大明白了。

镜子在实用意义外附上神话，和汉代方士巫术信仰关系密切。

后来有两个原因更增加了它的神秘性：一个是七世纪隋唐之际，王度作的《古镜记》，把几面镜子的发现和失去，说得神乎其神。另一个是从晋六朝以来，妇女就有佩镜子风气，唐代女子出嫁更必需佩镜子，到十九世纪，玻璃镜子普遍使用后，铜镜成了古董，照习惯，妇女出阁还当成辟邪器挂在胸前。把镜子年代混淆，另外还有一个原因，是宋代《宣和博古图》和清代《西清古鉴》，都把唐代的海兽葡萄镜，当成汉代作品。这事至今还有读书人相信。

近几十年研究镜子的人，从实物出土的地方注意，才修正了过去错误，充实了许多新知识。首先是淮河流域寿州一带发现了许多古镜，花纹风格都极特别，过去陕西河南不多见，因此叫它作“淮式镜”。至于产生的时代，还是沿袭旧称，认为秦代制作。其实寿州原属楚国，如果是“秦镜”，应当在咸阳长安一带大量出土才合理！直到近年长沙楚墓出土这种镜子又多又精美，才明白它的更正确的名称，应当叫作“楚式镜”，是战国时楚国有代表性的一种精美高级工艺品。镜子的大量生产，或普遍做墓中殉葬物，也是楚国得风气之先，而后影响各地，汉代以后才遍及全国。我们这么说，是因为秦赵燕齐诸国墓葬中，也发现过镜子，但数量却极少。如不是不会用镜子，只有一种解释说得通，就是殉葬制度中不用镜子。但是到汉代，坟墓中用镜子殉葬，却已成普通习惯了。

战国镜子和别的铜器一样，花纹图案地方色彩十分鲜明。大体上可以分成两大类：例如午门楼上展出新出土的一面漆地堆花蟠虬方镜，上海博物馆展出的一面“虎纹镜”，和流出国外的“四灵鹭方镜”“圆透雕蟠虺方镜”和同一纹样圆镜，其他图录中所见龙纹和蟠虺纹镜。除第二种具浑源铜器风格，后几种都和新郑器及一般战国时中原铜器花纹相通。这一类镜子，艺术作风虽不相同，制度却大致相同。胎质都比较厚实，平边，花纹浑朴而雄健，可代表北方系作风。至于出土地不明确那面“金银错骑士刺虎镜”，和相传洛阳金村出土一面“玉背镜”，和寿州、长沙出土的大量龙纹镜、山字镜、兽纹镜，制度就另是一种。胎质都极薄，边缘上卷，设计图案多活泼而秀美，不拘常格。特别是长沙出土的各式镜子，更可代表南方系艺术作风，具有显明的地方特征。花纹处理多沿袭商周青铜器而加以发展，分作两层，有精细而多变化的地纹，在地纹上再加浅平浮雕，浮雕又还可分“平刻”“线描”和有阴阳面的“剔花”。在种种不同风格变化中，充分反映出设计上的自由、活泼、精致和完整。特别重要还是它的统一完整性。又因磨制加工过程格外认真不苟且，方达到了青铜工艺的最高成就。可说是青铜器末期，结合了最高冶金技术和最精雕刻设计艺术的集中表现。它的复杂多样的花纹，上承商周，下启秦汉，还综合战国纹饰特长，反映于各种圆式图案中，为后来研究古代花纹图案发展史的人，给予了极大便利。

例如“连续矩文”，是商代铜器和白陶器中重要纹饰中一种花纹，本来出于一般竹蒲编织物，反映到铜陶纹饰中，和古代高级纺织物关系就格外密切。到战国末期，除部分铜鼎花纹还保持这种旧格式，一般车轴头上的图案花纹还使用到它，其他器物上已不常见。但是这种矩纹却继续用种种新鲜活泼风格，特别是结合精细地纹做成的方胜格子式变化，反映于长沙古镜装饰图案中，不仅丰富了中国圆式图案的种类，特别重要还是对于中国古代的黼绣纹，也间接提供了许多重要参考资料。古代谈刺绣，常引用《尚书》“山龙华虫，藻火粉米”等叙述。既少实物可见，历来解释总不透彻。汉代以后儒生制作多附会，越来越和历史本来面目不合。从别的器物花纹联系，虽有金银错器、漆器、彩绘陶器可以比较，却并不引起学人认真注意。近三十年燕下都新出土的各种大型砖瓦花纹，和辉县出土的漆棺花纹，因为和蒙古人民共和国诺音乌拉古坟一片丝织物花纹相似，特别是燕下都的砖瓦花纹，和金文中“黼”字极相近，才起始启示我们“两弓相背”的黼绣一种新印象。但由于长沙上千面镜子的发现，完全近于“纳绣”“锁丝”的精细镜子地纹，和由龙凤综合发展而成的种种云藻主纹，更不啻为我们丰富了古代刺绣花纹以千百种具体式样。这些镜纹极显明和古代丝绸刺绣花纹关系是分不开的。并且从内容上还可以看出,有些本来就是从其他丝绣装饰转用而成。例如，一种用四分法处理的四叶放射式装饰，有些花朵和流苏坠饰，是受镜面限制，才折叠起来处理的。如果用于古代伞盖帐顶时，就会展开回复本来的流苏珠络形式。还有菱形图案的种种变化，孤立来看总难说明它的起源。如联系其他漆器、错金器比较，就可以明白原来和古代丝织物的花纹都基本相通（楚墓出土实物已为我们完全证明）。这些花纹还共同影响到汉代工艺各部门。诺音乌拉汉墓出土的一件大绣花毯子，边沿的纺织物图案，就和这次陈列的那面朱绘镜子菱形花纹完全相同。另外一片残余刺绣上几个牵马胡人披的绣衫上方胜格子纹，又和这次长沙出土一个战国时镂刻填彩青铜奁上的花纹相合。其他一些云纹绣，更是一般金银错图案。还有一种镜子，在对称连续方格菱纹中，嵌上花朵装饰，地纹格外精美的，也有可能在当时就已织成花锦，或用纳绣法钉上金珠花朵，反映到服饰上。西域发现的汉锦，唐代敦煌发现的方胜锦，显然就由之发展而出。洛阳出土大空心砖上的方胜花纹，沂南汉墓顶上藻井平棋格子花纹，也是由它发展的。至于羽状地纹上的连续长尾兽纹，写实形象生动而活泼，又达到图案上的圜转自然效果，构图设计，也启发了汉代漆盘中的基本熊纹布置方法……总之，楚式镜纹的丰富变化，实在是充分吸收融化商周优秀传统并加以发展的结果，和同时期工艺各部门的装饰图案，又发生密切联系，至于影响到汉代以后的装饰图案，更是多方面的。这是美术史或工艺史的研究工作者，都值得特别注意的一件事情。离开了这些实际比较材料，仅从文字出发，以书注书，有些问题是永远无从得到正确解答的。

近人常说汉代文学艺术，受楚文化影响极深。文学方面十分显著，因为西汉人的辞赋，多直接从楚辞发展而出。至于艺术方面，大家认识就不免模模糊糊。去年楚文物展览和这次出土文物展览，从几面镜子花纹联系比较中，我们却得到了许多具体知识！汉代铜器在加工技术上，主要特征是由模印铸造改进而为手工线刻，花纹也因此由对称式云龙鸟兽和几何纹图案，发展变化为自由、现实、写生，不守一定成规的表现。阴刻花纹虽起源极早，商代以来，雕玉雕骨早已使用，但直接影响到汉代工艺的，也只有从楚文物中的漆器、木刻和青铜镜子等等技法处理上，见出它的本来面目和发展趋势。

楚国统治者在诸侯间尝自称“荆蛮”，近于自谦封地内并无文化可言。当时所说，大致指的只是封建制度中的旂（qí）章车辂（lù），仪制排场，在会盟时不如齐晋诸侯的讲究。至于物质文化，实在并不落后于人。特别是善于融合传统，有色彩，有个性，充满创造精神和自由思想的工艺美术，春秋战国以来，楚国工人所达到的高度艺术水平，和中原诸国比较，是有过之无不及的。楚国爱国诗人屈原文学上的成就，和楚国万千劳动人民工艺上的成就，共同反映出楚文化的特征，是既富于色彩，又长于把奔放和精细感情巧妙结合起来，加以完整的表现。这虽然同时也是战国文学艺术的一般长处，是战国时期美学思想在文学艺术上的具体反映。但是从楚文化中，甚至于从一面小小青铜镜子中，我们却更容易看出鲜明的时代精神和民族风格。

镜子既然是古代人的日用品，为便于应用和保护，必须装在一个适用的盒子里或套子里。长沙出土文物中，还发现过许多种刻画精美的大小漆盒子。这种漆盒大型的多分层分格，里面装有镜子、小木梳篦和脂粉黛墨。这种漆器叫作“奁具”。古代社会女子教育“德容言功”四种要求中，整洁仪容占第二位，因此女子出嫁时，随身也少不了一个“奁具”。不过当时代表的是“艺术”，可不是“财富”。到后来，陪嫁依然少不了“妆奁”，但是意义已完全不同了。到现代，除了西南边疆兄弟民族，还使用这种基本上用红黑二色为主的旧式彩绘漆器，制作方法并影响到印度、缅甸、暹罗、越南的生产，其余地方已少见到这种制作了。

这次长沙出土文物中，除那个彩绘狩猎漆奁外，还有个镂刻方胜花纹青铜奁具，图案精美而复杂。如不是用金银错技术填嵌金银，就是用彩漆填嵌处理的。新时必然丹翠陆离，异常华美。这也是这次展览中一件重要艺术品。这个铜奁和长沙楚墓发现的人物彩画漆奁，人物车马漆奁，细刻云兽纹素漆奁，可算得是楚国工艺品中几件“杰作”，也可作古代“奁具”的代表。它们是因镜子而产生的。过去人谈古器物，常把许多种筒子式青铜器都叫作“奁”，但是这些器物用处显然不会相同。只有长沙楚墓出土这种青铜或彩绘漆“奁具”，里面大多数还有镜子梳篦和其他化妆用品，才可和史游《急就章》提起的“镜奁梳比各异工”相印证，知道是战国汉代以来化妆用的奁具标准格式。这种奁具到汉末还有漆地画金银花纹的，魏晋以来技术依然能够保存，从曹操《上杂物疏》和晋人著《东宫旧事》的记载可以知道。不过晋代一般人使用的漆奁，大都是素质无花，因晋代法令禁止普通漆器文画加工。法令还提起过，造漆器的人必须把店铺工匠姓名和年月写上。齐高帝也有令禁止一般杂漆器加绘金银花。这次在杭州发掘的几件南宋时临安府生产的素漆器，式样还是汉晋旧格，文字可和晋令相印证，证明了直到宋代，一般民间漆器，还遵守这个五六百年前的法令。这件事情，也是用文献结合出土实物才知道的。

奁具的“筒子式”或“三套式”改进成饼子式或蔗段“五撞”“六撞”式和花朵式的外形，是配合唐镜从唐代才起始的。上海博物馆保存有元代画马名家任月山的媳妇墓葬中出土的几件漆器，剔红盒可证明现存明代雕漆多本宋元旧法，另外一个素漆花式套奁，却是现存唐式漆奁极有价值的范本。奁具也有方的，和后世县官印盒差不多，材料有用木片拼合的，用夹纻法做胎的，居多用竹篾编成。最著名的遗物，是在朝鲜汉代古墓发现的一个，上面画了许多彩漆人物，还有商山四皓和武王纣王等的画像。这种东西到汉末又名“严具”。陆机书信中还提起看过曹操用的严具，是个六七寸高的方盒子，内有梳篦镊子杂物。

镜子的故事（下）

午门楼上展览除战国镜子外，另外还有很多精美汉唐镜子，其中有四面镜子，在镜子工艺和应用发展历史中，各占不同重要地位。

一　华东区浙江大学出土的西王母画像镜

照历史发展说来，中国的青铜器时代，结束于战国。这并不是说战国以后就没有青铜艺术。秦汉以来，铁工具已经成了主要生产工具，饮食日用器具或特别用具，漆器和釉陶的使用又日益普遍，再不是青铜器独占的局面。因此青铜器失去了过去的特别重要地位。这是社会发展的新趋势。但青铜器物在社会上却依然有它的广泛需要。使用范围并不缩小，还更加普遍了。我们从墓葬遗物中就容易看出。日用器物如镳铲灯、烛盘、熨斗、香炉、酒枪、带钩、弩机、熊虎镇、小刀、剪子和小型车马明器中用的种种金铜什件，大件器物如鼎、豆、甑（zèng）、壶、钟、釜、锼（fù）、酒铜（xuān）、堂狼洗、车上什件、帐鞴（bài）杂件、度量衡器，大都还是用铜做的。而且有些还加工做得特别精致。不过除堂狼洗铸有鱼羊类花纹，带钩、弩机和一部分用器，有用錾金银花新技术表现，辘轳灯和熊虎镇子仿像生物，可代表汉代立体雕刻，其余铜器多只用简单带纹装饰，有的还毫无装饰。但也有新的发展部分，就是用手工精细刻镂，代替了商周以来旧法的模铸，图案也由对称定型，变而为自由、活泼，和逼真生动。这种技术发展于战国，盛行于汉代。来源有可能是先从南方流行，才遍及国内各地（这次中南区衡阳工地汉墓出土一份细刻花纹铜器和许多仿铜青釉刻花陶器，是最好的代表）。另外又发展了铜上镀金的工艺，古名“鋈（wù）续”，意思是把金汁倒到其他金属上面去，后世通名“鎏金”。其实是用汞类作媒触剂完成的。起始只用于战国末期的小件犀比带钩上，可知技术还相当困难。到汉代，因社会重视金银，才促进了技术发展，广泛应用到各种铜器上去。例如那种精细刻镂水云鸟兽花纹，面径六七寸大的铜洗，制作就格外讲究。这种新型工艺美术品，当时可能是和金银钿漆器奁具配成一套使用的。在漆器中，新发展的金银钿器，必有带式装饰，精美的多用纯金银或错金银法做成，比较一般性的，也在铜上鎏金。这种附件既增加了夹纻漆器的坚固性，又增加了它的美术效果，汉代“钿器”是由此得名的。不过继承了青铜工艺模铸技法的固有长处，在花纹方面而加以新发展的，主要却是镜子。

现在人一提起镜子，不说“秦镜”，必说“汉镜”“唐镜”。西汉早年的镜子，本和战国楚式镜或一般所谓“秦镜”不容易区别。前代镜样到西汉还流行，是过去人容易把它时代混淆通称“秦镜”或“汉镜”的原因。特别是内沿方框做十二字铭文，字体具秦刻石遗意，花纹如楚式镜中的云龙镜，过去人都认为是标准“秦镜”的，从铭文所表示的思想情感看来，大致还是西汉初期也流行的镜子。

显明标志出早期汉镜工艺造形特征的，约计有五方面：一、花纹中已无辅助地纹，二、镜面起始加上种种表示愿望的铭文（早期字体比一般秦刻石还古质，西汉末才用隶书），三、镜背穿带部分由桥梁式简化为骨朵式，四、边沿不再上卷，胎质比较厚实，五、除错金银镜外，还有了漆背金银平脱和贴金、鎏金镜子的产生。

具有前四种特征的汉镜，如把它和战国楚式镜比较，会觉得汉镜简朴有余而艺术不高。第五种近于新成就，如这次长沙出土柜中新补充的两面西汉末加金镜，一个系薄金片贴上，一个系鎏金，在技术上是重要的，但数量并不多，缺少一般代表性。有一点十分重要，即是出土地依然还在南方，可知加金技术经南方发展是有道理的。早期汉镜花纹图案的简化和小型镜子出土比较多，显示出社会在发展中。上层艺术性要求不太高，而一般使用已日益普遍，这类镜子的产生，是由实用出发而来的。武帝以来，生产有了新的发展，社会政治日益变化，宗教巫术空气浓厚，装饰艺术用比较复杂形式反映到镜面上，和成定型的云中四神内方外圆的规矩镜，才用种种形式表现出来。东汉以来，神仙信仰加强，并且解除了巫蛊禁忌，故事传说日益普遍，神人仙真于是才上了镜面，镜子的使用，也由实用以外兼具有辟邪意味和长生愿望了（这类镜子这次陈列是有很多具代表性的）。这还仅只就花纹图案一方面而言。

汉镜问题在铭文。大约而言，也可分作两大类，即三、四言和七言。从内容区别，有四种不同代表格式。第一类如：

一、“大富贵，乐无事，宜酒食，日有憙（xǐ）。”十二字铭文。

二、“见日之光，长毋相忘。”八字铭文。

前一种，可说是标准汉人“功利思想”的反映。后一种，已可看出汉代人正式用镜子作男女彼此间赠答礼物的习惯。也有具政治性的，如“见日之光，天下大明”八字，近于当时阴阳术士的谶语，或在成哀之际出现的东西。

铭文最短的只四个字，种类极多，计有“家常富贵”“长宜子孙”“长宜高官”“长毋相忘”“位至三公”“长乐未央”等等格式，虽同用四字铭文，却表现不同思想情感，反映于式样不同镜面上。“家常富贵”多小型镜，制作极简，近于民间用品。“长宜高官”“长宜子孙”多大型，花纹虽同样简朴，制作却十分完整。“长乐未央”还具战国镜式花纹和形制，多小型，四小字平列在花纹一方，近于秦汉之际宫廷式样。“长毋相忘”有各种不同格式，可看出是一般中等社会通常用品，纹饰虽简单，铸模却精致，切于实用。

第二类七言铭文的，由骚赋文体出发，近于七言诗的前身，极常用的有：

三、“内清质以昭明，光辉象夫日月，心忽扬而愿忠，然壅塞而不泄。”

四、“新有善铜出丹阳，和以银锡清且明，巧工作之成文章，左龙右虎辟不祥。”

前一式文字安排有做一圈的，有分作两层的。从文体看可以明白它实远受屈宋骚赋影响，近接司马相如枚乘[①]等文赋，可说是骚赋情感在镜铭上的反映。铭文内容含义，因此可说有政治也有爱情。除铭文之外几乎无其他花纹，小型的铜质格外精美。后一式时代或稍晚些，一般多认为是王莽时官工镜。完全显明具政治性的，有“胡虏殄灭四夷服，天下人民多康宁”等语句，本来应当和汉武帝在中国边境的军事行动不可分。但是出土遗物时代都比较晚（用图案表现战事的还更晚，又不和铭文结合）。和二式同出现于西汉末王莽时代，现在一般还认为是王莽时官工造镜。有具年款的，一般多不刊年款。表示宗教情感和长生愿望铭文同在一处，最著名的是“尚方作竟真大巧，上有仙人不知老，渴饮玉泉饥食枣”，铭文中一面指明这种镜式最先必出于官工制作，一面更反映《史记·封禅书》《汉书·郊祀志》所提起过的“神仙好楼居，食脯枣”等等方士传说在汉代的发展和影响。这种神仙思想，影响到中国文化是多方面的，例如对于中国建筑艺术，就因此发展了向上高升的崇楼杰阁结构。如汉人文献记载，武帝时宫中井幹楼，别风阙，都高达五十丈，鸿台高四十丈，金凤阙、蜚廉观各高二十五丈，渐台高二十丈，通天台还高及百丈，云雨多出其下。汉武帝在通天台上举行祀太乙仪式时，用太祝[②]领导八

---

① 枚乘，西汉早期辞赋家。

② 太祝，又称大祝，官名，掌管祭祀祈祷之事。

岁童女三百人，各着彩绣衣服，在上面歌舞，壮伟动人景象可想而知。这种风气反映到东汉中等人家墓葬中，也不断发现有高及数尺三层叠起的灰陶和釉陶楼房，从结构上看，可能和用博山炉一样，还是让死者升天和“王乔[①]”“赤松子[②]”不死意义。至于反映于社会一般装饰彩画上，是“青龙、白虎、朱雀、玄武”四神主题画地位的确定和由“海上三山”神话传说而来的仙人云气、鸿雁麋鹿，气韵飘逸色彩绚丽的装饰花纹，应用到金银错、彩漆、丝绸和铜、陶、玉、木、石等等雕刻工艺中，都得到极高度的成就。特别是两件金银错兵器附件上的花纹，并且可作古代谈养生导引“熊经鸟申”五禽之戏的形象注释。它的产生早可到秦始皇，作为巡行的兵卫仪仗使用，晚到汉武帝，是文成五利手中所执的法物！在新的器物制作上，除完全写实的金铜熊、羊、辟邪，更有各种式样的透空雕花博山香炉的产生，珍贵的多用纯金银做成，最常见是青铜的。这种社会风习反映到镜鉴上，也做成图案设计的主题。不过镜面既受型范技术限制，又受圆形面积限制，更重要镜子是日用品，要求数量多，因此虽刻画得依然如“生龙活虎”，比较起来，究竟不能如其他工艺富于活泼生命。唯汉镜时代特征，却依然反映得十分清楚。

还有神仙思想主要是长生希望，铭文表示向天许愿长保双亲康

---

① 王乔，古代神话人物，道教崇奉神仙。相传为周灵王太子，本名姬晋，字子乔，在宣务山上修炼成仙。

② 赤松子，古代神话人物，相传为神农时雨师。

宁的，多和“上有仙人不知老”等铭文在一道。向神仙求福本是宗教情感的表现，但这种孝子思想，却又和东汉儒学提倡孝道相关。

我们说“早期”，或“晚期”，也许措辞用得不易完全符合历史本来。例如“家常富贵”小型镜，虽是汉代作品，六朝以后还继续铸造。因为它是好简朴的一般人民使用的简朴式样。铭文所有愿望也是普通小有产者的希望,时代性就不大十分显著。至于“见日之光，长毋相忘”小型和中型镜，虽代表的是中层社会个人情感，和私生活发生联系，到东汉就有了其他式样代替，六朝以后铭文所表示的情绪虽还相同，措辞已大不相同了。“胡虏殄灭四夷服”“上有仙人不知老”等铭文镜，反映的既是政治现实和宗教信仰，照理应出于武帝时代，事实上却多在东汉才出现。这些问题需要更具体更全面出土材料，才可得到正确解决。如用部分知识推测，是不可免有错误的。这也可以见出全国性文物发掘保存的重要性。因为用比较方法和归纳方法，就可以得到许多有用知识的。

汉镜的图案设计比铭文问题复杂。“见日之光”小型镜多重轮，铭在中圈部分，每字常用一花式图案隔离，中型的即无间隔花式。它的式样或者由“日重光月重轮”的祥瑞信仰而来。也有作内方外圆布置，内用四分法加流苏装饰，文字分别嵌于四方的。又有作星象式或乳钉旋绕，钮作十二重叠乳钉，普通都叫作“星云镜”，这是从兽纹演进简化而成的。“长宜子孙”“长宜高官”等大型镜，虽近于早期官工镜样，制作得十分完整，但除中心四叶装饰，有的一圈云纹外，竟只使用一些重复线条，虽然在设计时深具匠心，整体结构效果极大方，几个字的安排，并且还特别注意，保留晚周错金柳叶篆文格式的特长，经营位置，恰到好处。可是究竟素朴简单了一点。这种镜式到东汉还保留，只换上铭文作“位至三公”，希望具体了许多。花纹比较进一步的，是在连弧内作八凤或朱雀图案的镜式。构图设想，或本源于“日中星乌”记载，又或不过采用汉人熟习的祥瑞传说。有作八凤的，有作十二凤的，也有并外弧用到二十四凤的。一般叫作“夔凤镜”，本名或者还是“朱雀镜”。如系由取火阳燧发展而出，装饰花纹用三足乌，就更符合传说。这类镜子常作扁平钮。既无地纹，花作平雕，在技术上已近于后代“剔花”（即把空处剔除露出花纹）。又分阴剔和阳剔。若系阴剔，多余的阳纹线条，另外就形成四只蝙蝠式样，算得是镜纹设计的新成就。这种格式起于西汉，到东汉，再衍变就成为一种“兽面辟邪”镜式，或连弧部分加上方框，每一框中用“位至三公”四言铭文处理，就完全失去本来用意了。早期汉镜多较薄，到西汉末才胎质厚实，一般多不卷边，可证明主要是承继战国以来北方系的式样。凡边沿向外过度斜削，时代多比较晚些，属于另外一种格式。正和扁平钮一样，或者和生产地域的风格有关。生产地见于铭文的有“丹阳”和“西蜀”字样。又有“洛阳名工”的铭文。私人造镜著名的有“周仲造镜”“驺氏镜”“向氏镜”等等，用的还是官工镜格式。或者和《考工记》提起的世袭官工有关。

汉镜花纹图案由简而繁，起始于武帝时代，到西汉末成、哀之际和王莽时代才完成。但和战国镜纹却有基本不同处。显著特征是战国镜边缘多空白，汉代镜则由简单重轮法改进而用三五道重轮法，表现多种鸟兽云气花纹，和齿状带式装饰反复重叠，使之得到一种综合效果。在技术上正和漆器、空心砖等等图案设计一样，带式装饰有占镜面一半的，因此再难于区别边沿装饰和中心部分的主从关系。规矩镜花纹多浅刻，或兼喻“内方外圆”的儒家做人教育意义。但汉代博局[①]，也用的是这种规矩花纹，有出土陶器可证明。绍兴镜子东王公像前的博局，也有用规矩纹装饰的。说明赌博也要守一定规矩！

政治现实和宗教情绪反映到镜纹上，本来应当和社会发展有密切关系，不可能孤立生长。花纹和铭文也应当有统一性。汉镜却常有些参差处。例如神仙思想的反映，照《史记·封禅书》《汉书·郊祀志》的叙述，多在秦始皇汉武帝两个时代，特别是汉武帝时代，排场来得壮大，许多重要艺术成就，都在这个时期形成。最重要的如西王母传说，也应当在这时节产生，至迟到西汉末年已经流行。但镜纹镜铭和石刻画上的反映，却都晚到东汉桓帝祠老子前后。至于“上有仙人不知老”铭文的神仙或西王母形象正式反映到镜面时，却已经近于宗教在宫廷中时的庄严神秘感早已失去，只是把它当成一种民间信仰，一个普通流传的美丽神话，来和人间愿望结合加以表现了。是否是西王母神话的信仰，先只在宫廷中秘密奉行，到东汉末巫蛊禁忌解放，才公开成为民间传说和社会风气，更因越巫祷

---

① 博局，古代六博游戏的棋格。

张为幻[①]，才特别流行于长江下游？情形不得而知。总之这类镜子出现的正确时代、区域，是值得深入研究，不仅可以解决本身问题，并且还能够用它来校定相传汉人几个小说的比较年代，推测早期道教或天师教形式的。

在先秦镜纹上表现人物，著名的只有两面镜子：一面是错金骑士刺虎镜，另一面是细花平刻仙真人物弹琴驯虎镜。第一面或用的是“卞庄刺虎”故事，和宗教无关联。次一面照后来发展看，可能是描写“安期生”“王乔”“赤松子”一类列仙生活。镜式都属于先秦式。其他神仙人物镜，却多在前后相距三四个世纪的汉末才出现。较早的神仙镜多中型，镜面神像或者是当时在群众中有了权威的“老子”或“岁星”。但汉代巫教盛行，信奉杂神的风气普遍，如刘章、项羽、伍子胥都曾被当作信仰对象，甚至于还有把“鲍鱼”当作神来敬奉，称作“鲍君神”的。所以能上镜面的神，必然也相当多。这种神仙人物镜，图案设计表现方法可分成三种类型：第一类用圆圈围绕布置方式，中间或穿插有既歌且舞的伎乐表现。次一类作三层分段布置，主题神肩部多带有一对云气样的小小翅膀，表示他可以上天下地，来去自在。旁边或有侍从玉女站立和云气中龙虎腾跃，边沿花纹装饰精美而复杂。中国带式装饰中由云纹而逐渐变为卷草，从镜边装饰可得到具体发展印象。铭文具方士祝愿口吻，且常迁就

① 诪（zhōu）张为幻，意为欺骗迷惑别人。

镜面位置，有语不成章处，可知本来必同样重要，经过复制，从应用出发，才成这样子。就花纹说，鸟兽和侍从羽人，虽还活泼生动，主题神有的却方而严峻，和反映于陶石上一般汉代人物画像的活泼飘逸不大相称。技术以半圆雕法为主，也有用点线勾勒的。时代多在东汉后期，可知和记载上桓帝祠老子关系密切。这种神像和早期佛教也可能有些联系，因为敦煌洞窟壁画中的“降魔变”构图设计，还像是由它影响而来。最重要是第三类，用西王母东王公做主题表现的神仙车马人物镜，其中穿插以绣幰珠络的驷马骈车，在中国镜子工艺美术上，自成一种风格。这种镜子虽近于汉镜尾声，却给人以“曲终雅奏”之感，重要性十分显著。完全是一种新型的艺术创造，即在有限平面圆圈上，作立体驷马奔车的表现，得到体积和行动的完美效果。表现方法有用连续点线处理的，有边沿作平刻，主题用高浮雕处理的。有在高浮雕技法中兼用斜雕方法处理的。点线法和高浮雕本属旧有，斜刻方法表现体积，使用到镜面上，却是一种崭新大胆的试验。正和川蜀汉墓雕砖法一样，直接影响到唐代著名石刻昭陵六骏和宋明剔红漆器的刻法。镜面设计有的还保留四分法习惯，有的又完全打破旧例，尽车马成为主要部分，占据镜面极多。一般形象多是西王母和东王公各据一方，西王母袍服盛装，袖手坐定，如有所等待，面前横一长几，旁有玉女侍立，东王公则身旁常搁一博局，齿筹[①]

① 即牙筹，指象牙或骨、角制的计数算筹。

分明，有的又作投壶设备，或者身前还有个羽人竖蜻蜓献技。孝女曹娥碑说到父亲曹盱能“弦歌鼓舞，婆娑乐神”。当时越巫举行敬神仪式时，或者也正是披羽衣做种种杂技表演。青龙白虎各占一部分面积。马多举足昂首，作奋迅奔赴姿势，在车窗边间或还露出一个人头。照情形看来，镜中的表现，如不是周穆王西游会王母的传说，就是照《神异经》说到的西王母东王公相对博戏故事。

这种镜子特别重要处，还是它出现的区域性，十分显著。主要出土地限于江浙和山东一部分地方。如照山东嘉祥武梁石刻人神排列秩序看来，“西王母”实高据石刻最上层，代表天上。但汉代人风俗习惯，每个死人都必需向管领地下的“东王公”买地，东王公又俨然是阴间唯一大地主。同时汉代传说“泰山”也是管领地下的主神。这位东王公究竟是周穆王化身？汉武帝化身？王莽化身？两者又如何结合于汉末南方镜子上，当成图案的主题？在社会学上或工艺史上，都是一个待研究的问题。或出于“越巫”的造作，或属于早期“天师教”的信仰，又或不过只是因为生死契阔，天上人间难再相见，为铭文中“长毋相忘”四个字加以形象化的发展。死者乘车升天，也只是汉代传说嫦娥奔月故事，主题虽用的是宗教神话，表现的却只是普通人间情感。镜面也有作伍子胥和吴王夫差像的，和曹娥碑提的“迎伍君神”相合，可知是东汉末年南方人一般信仰。又也有作游骑射猎图的。最重要的成就，还是车马人神除雕刻得奕奕如生，还丰富了我们古代神话的形象，也提供了我们早期轿车许多种式样。一般铜质都比较差，但镜面雕刻实可说犀利壮美，结构谨严。这次午门楼上东头柜中展出的一面，就具有标准风格。这种镜子最精美的，多是一九三四年在绍兴古墓群出土，因此世界上多只知道有“绍兴镜”。其实它应当是汉末三国吴时的南方青铜工艺品代表，绝不止是绍兴一地的生产。

二　晋墓中发现的两破瓦镜

在西汉早期镜子中，社会一般既有了“长毋相忘”等等表示情感的铭文，社会上层又有“长门献赋”的故事，民间又有“上山采蘼芜”等乐府诗歌流传，可知“爱情”在汉代社会生活中，实有了个比较显著的地位。也因此加重了男女间离鸾别鹄[①]的情操。或生前恋慕，用镜子表现情感，或死后纪念，用镜子殉葬，表示生死同心，都是必然的发展。死人复活的传说，如《孔雀东南飞》诗歌叙述，如干宝《搜神记》小说记载，也自然会在社会间流传，特别是社会分崩离析之际。所以照社会现实推测，“破镜重圆”希望或传说，和死人复活的故事相同，至迟应当在魏晋之际发生。文献上记载较早的，是旧传东方朔著《神异经》，就有“夫妇将别，各执半镜为信相约”故事。这次在西南区昭化出土二晋墓中，各有破瓦镜一片，拼合恰成一个整体，为我们证明了晋代以来，民间当真就有了这种风俗，

① 离鸾别鹄，比喻夫妻离散。

传说，到陈隋之际，才有乐昌公主和徐德言“破镜重圆”故事产生。“破镜重圆”和死人复活一样，对古人说来，本只是生死者间一种无可奈何的希望。乐昌公主以才色著名，在兵事乱离中和丈夫相约，各执半镜，约作将来见面机会。国亡被掳后，进入当时炙手可热的越国公杨素府中。后来还因破镜前约，找着了丈夫徐德言，夫妇恢复同居。又因徐德言寄诗有“镜与人俱去，镜归人不归。无复姮娥影，空余明月辉”，乐昌公主临去被迫作诗有“今日何迁次，新官对旧官。笑啼俱不敢，方验作人难”之句，载于《两京新记》《本事诗》《太平广记》和《古今诗话》中，当成“佳话”流传。后来教文学史的就把“破镜重圆”事当作起于陈隋，本来的出处倒忘记了。历史和文物的结合，可以为我们启发出许多新问题，并解决许多旧问题，这两面平平常常破瓦镜，就是一个好例。

汉魏以来铁器已普遍使用，因此也有了“铁镜”。并且还有“错金银铁镜”和“漆背贴金银花文铁镜”。曹操文集中《上杂物疏》曾提起过许多种。这次展览也有一方素铁镜子。收藏镜子一般用的是奁具，随身使用却放在镜囊中。“镜囊”通名“镜套”，是用锦缎或刺绣做成的。古代的不易保存，目下常见的多是明清两代以来遗物。明清铜镜在艺术上已不足言，但镜套却有绣得极精美的。镜子使用时或拿在手上，或挂在架子上，在汉代石刻中，我们已看见过它的式样。至于使用情形，全靠镜后钮部那个穿孔，贯上丝绳，手拿，或挂在一定架子上。挂镜子的器具名叫“镜架”或“镜台”，讲究贵重的多用玉石、玳瑁、象牙做成，一般只是竹木髹[1]漆。镜台有用玉做的，是从《世说》温峤[2]用玉镜台作聘礼记载知道。但镜台的样子，却不大引起人注意。传世晋代著名人物画家顾恺之作的《女史箴图》卷子中，保留有一幅古人临镜整容的精美画面。画中两人席地而坐，一个已收拾停当，手执镜子，正在左右顾盼。一个刚把长发打散，背后面却有个侍女理发，面前搁有镜台和脂粉奁具。镜台画作玳瑁纹，是长方形，附在镜架中部。并用文字解释画题，大意是“人人都知道化妆打扮身体，可不大明白更重要是注意品德”。是现存一卷最重要的中国古代教育连环画，在历史意义和美术价值上，都非常珍贵。原画于鸦片战争英军火焚圆明园时，就被英国军官抢走，辗转到了英国博物馆，现在还未归还中国。

曹操《上杂物疏》文件中，还提起过许多种汉代重要日常用具，我们又借此知道汉镜中“错金”和“金银花”是两种不相同技术的生产。次一种如不是平脱法，就应当是捶薄金银片的加工技术。捶金薄片，商墓中即已发现过。春秋战国之际，河南新郑还发现过细刻龙纹金甲片，因已脱离附件，当时用处还不能具体明白。汉代用薄金片镶嵌漆器上，重要出土记录有蒙古诺音乌拉古坟出土和陕西宝鸡斗鸡台出土的。长沙这次出土一面鎏金镜，一面贴金镜，贴金镜边沿还另刻细致云纹，和本来的齿状纹不同。魏晋六朝以来金银细工有进

---

① 髹（xīu），用漆涂在器物上。

② 温峤（qiáo），东晋名将。

隋　展子虔《游春图》 故宫博物院藏

金　张瑀《文姬归汉图》 吉林省博物院藏

《文姬归汉图》 美国弗利尔美术馆藏

五代　胡瓌《卓歇图》　故宫博物院藏

明摹宋本　《胡笳十八拍文姬归汉图》(局部)　美国大都会艺术博物馆藏

北齐　杨子华《校书图》美国波士顿美术博物馆藏

唐 孙位《高逸图》 上海博物馆藏

商　玉兽面纹戈　故宫博物院藏

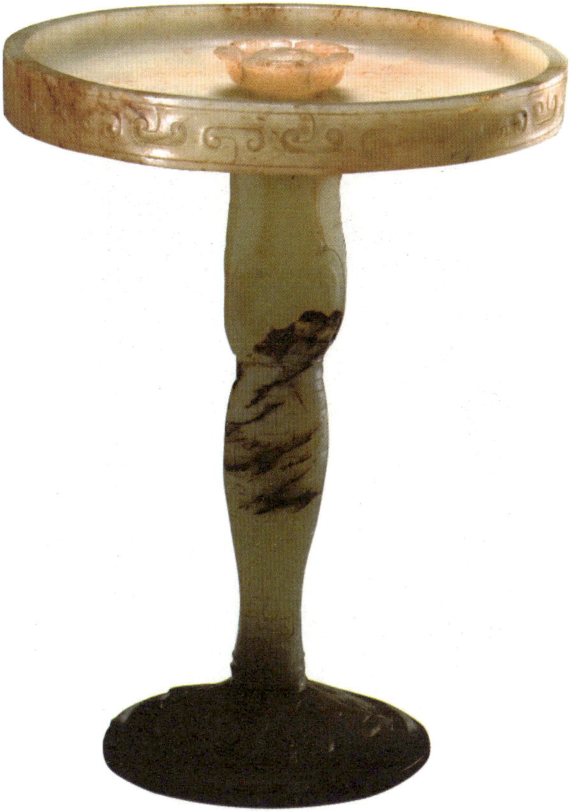

战国　玉勾云纹灯　故宫博物院藏

东汉　玉镂雕谷纹“长乐”璧　故宫博物院藏

明　龙纹玉带　故宫博物院藏

红山文化晚期　鸟形玉佩　台北故宫博物院藏

商　玉虎形佩　故宫博物院藏

商　玉鸟形佩　故宫博物院藏

唐　宝相花纹镜　台北故宫博物院藏

唐　月宫镜　故宫博物院藏

唐　“卍”字镜　台北故宫博物院藏

唐　海兽葡萄纹镜　台北故宫博物院藏

东汉　建初元年朱提造洗　故宫博物院藏

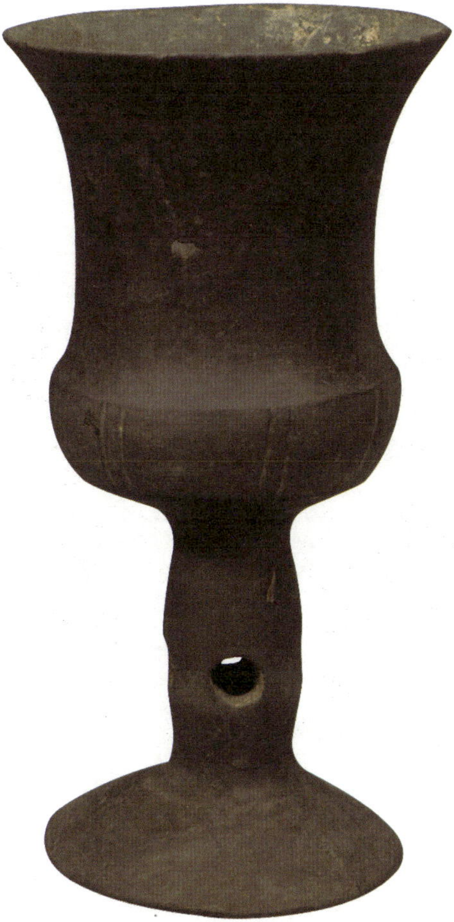

新石器时代　黑陶高柄杯　故宫博物院藏

东汉　绿釉陶狗　故宫博物院藏

隋　陶酱黄釉牛车　故宫博物院藏

北宋　钧窑天蓝釉盘　故宫博物院藏

晋　顾恺之《女史箴图》(局部)　大英博物馆藏

唐　阎立本《步辇图》 故宫博物院藏

晋　顾恺之《洛神赋图》（局部） 故宫博物院藏

西周　双兔车軎（wèi）　故宫博物院藏

汉　玉天马　故宫博物院藏

唐　三彩马　故宫博物院藏

清　黑绸绣花蝶竹柄团扇　故宫博物院藏

新石器时代红山文化　大玉龙　故宫博物院藏

商晚期　龙冠凤纹佩　台北故宫博物院藏

商晚期　蟠龙纹盘　台北故宫博物院藏

战国　青玉龙　故宫博物院藏

战国　玉镂雕双凤式璜　故宫博物院藏

战国　玉龙纹觿（xī）　台北故宫博物院藏

战国　龙形佩　台北故宫博物院藏

战国中晚期　龙形佩　台北故宫博物院藏

战国中晚期　龙首璜　台北故宫博物院藏

汉　玉螭凤纹韘（shè）　故宫博物院藏

明　剔红云龙纹圆盒　故宫博物院藏

清　剔红龙纹方胜盒　台北故宫博物院藏

战国楚　彩绘漆鹿角镇墓兽　故宫博物院藏

西汉　彩绘漆云龙纹圆盘　故宫博物院藏

明　黑漆嵌螺钿人物盘　故宫博物院藏（捐献自沈从文）

战国楚　彩绘漆透雕座屏　故宫博物院藏

明万历　黑漆嵌螺钿云龙纹大案　故宫博物院藏

一步发展，《东宫旧事》和《邺中记》就记载有许多种金银器物和镶嵌工艺美术品，齐梁诗文更常有形容叙述。但实物知识，我们却并不多。

至于一般青铜镜子花纹，魏晋以来先是半圆雕的中型高圆浮雕鼍龙镜突破旧规，随后是十二生肖鸟兽浮雕分罫做边缘装饰，中圈分布圆式宝相花镜纹占重要位置，直沿用到六朝末年，铭文也由七言改为五言和四言，使用庾子山诗句“玉匣聊开镜，轻灰暂拭尘。光如一片水，影照两边人”是最常见格式。四言最著名的，有“炼形神冶，莹质良工。如珠出匣，似月停空。当眉写翠，对脸傅红。绮窗绣幌，俱含影中”。过去传说是五代西蜀王建赠某妇人的，现在已明白这种镜子产生时代，实早到隋唐之际，这时期镜铭主要是对于女性美的赞颂，花鸟图案和文字体裁都秀美柔和，和使用对象性情要求相适应。有综合十二辰、八卦、小簇宝相花合成一体的，也有沿袭汉代四神镜方法，用狻猊、辟邪、狮子、麒麟做主题，用四分法布置的。大致是六朝末官工民工镜子通用格式，到初唐犹使用。镜铭虽再不提起“新有善铜出丹阳”的语句，工艺风格依然显出南方特征，铭文和南朝文字也有一致性。主要生产还是南方。《唐六典》即明载扬州贡物中有青铜镜。

三　唐代花式捶银花鸟纹镜

唐镜花式丰富多方，不是本文能够详尽。大体说来，有如下几种新的发展，从新的发现中可以证明。一、受现实主义影响，写生花鸟镜的流行，大卷枝花多丰满健康，小簇花多秀美活泼，并有各种鸟类穿插其间。二、融化外来文化，产生了新型的厚胎卷边满枝葡萄镜，葡萄间多用异兽、练鹊、蜻蜓、蝴蝶点缀其间。三、带故事性的人物上了镜面，计有俞伯牙钟子期故事，孔子问荣启期故事，玉兔捣药嫦娥奔月故事，王子晋弄玉乘鸾跨鹤故事，莲花太子故事（唐镜许多种和当时的道教有密切关系，只有这一式受佛教影响）。四、花鸟镜中常见而又精美的，有双鸾衔长绶镜，有鹦鹉鸳鸯镜，有小簇花蜂蝶争春镜，有贴金银捶花和金银平脱镜，有嵌螺甸镜。五、有八卦、万字等等家常镜。同时也起始有了带柄镜子，这是从圆扇得到启发产生的。方镜也发现得较多，大致是便于搁置到镜台上的原因。在造型艺术上的特征，主要即镜形打破了旧有圆形格式，做种种不同花式发展。又镜面有大过一尺，小仅如钱大的。六出花式是常用格式，小型镜制作多格外精美。怪兽葡萄狻猊狮子多作半圆浮雕，宝相卷枝和小簇花多作线浮雕。故事人物镜和双鸾对舞诸镜，在布置上都完全打破平均四分或圆形围绕习惯，作圆状屏风格式，或四方委角葵花式。共通优点是图案设计的现实性，给人一种生动活泼印象。花鸟多从写实出发，达到浮雕高度艺术水平。布置妥帖，是唐代一般艺术设计的特征，唐镜更充分反映这个特征，而且多样化。

这里要特别介绍的，是一面直径只两寸多些，花式金银加工的小小花鸟镜。因为在艺术上它代表了唐镜的新作风，在技术上又代表了唐镜的新成就。

唐代用金工艺计十四种，捶金镶嵌方法应当名叫“贴金”。是把薄质金银叶子贴到镜面捶成的。唐代纯金银器常有出土，且多比较材料，基本花纹已大体明白。一般镜子早期图案，还多用陈隋旧样，宝相花用“簇六”法或“聚八仙”法是通常格式。鸾衔绶带和鸂鶒、鸳鸯、练鹊、鹡鸰、戴胜、白头翁等等鸟雀和蜂蝶昆虫在花朵间飞息，才正确见出唐代装饰作风。这些花鸟图案在中型镜类已显得十分活泼生动。用贴金法和平脱法反映于大型和极小镜子中,更加精美、细致而完整。工艺成就和社会习俗有密切联系，所以这种金银加工技术的全盛时期，必然和社会发展一致，应当在开元天宝之际数十年间。姚汝能述《安禄山事迹》，记玄宗和贵妃赠安禄山礼物中，就有许多种金银平脱器物，且有大件器物，正如小说中述玄宗嘱主工事的说“免为大眼孔胡儿所笑”而特作的。当时这种标准式样，已不易见到。但从其他出土金银器物中和这一面小小贴银镜子中，却可体会到金银工艺美术，在唐代历史全盛时期的成就。

《唐六典》载用金十四种，这种名“贴金”，旧式错金则属于“戧金”即“戗金”一格，至于在漆上嵌镶镂空金银花鸟的“平脱”法，基本上是和它有区别的。后人一般都叫作“金银平脱”，实不大适合。金银平脱和其他加金用具，到肃宗时就一再用法律禁止，不许制造，因此唐墓出土器物虽极多，贴金和平脱镜并不多。在唐代数百年间，全部风格上的发展和变化，我们知识到如今还是不具体的。唯从现存资料如故宫收藏，及肃宗时就流传日本的几件重要镜子看来，却可知唐代标准特种官工镜的花纹和品质。还有镜子花纹和当时锦绣丝绸花纹有相通处，例如小簇花和绫锦刺绣纹样有联系，大卷枝写生却多反映于彩印染缬罗帛上，这是从比较上可以明白的。这些问题，过去少有人注意到，却值得注意，因为借此也可以丰富充实我们对于唐代丝绣花纹的知识。特别重要还是可因此明白一个镜子的花纹，也不是孤立的，必然和其他许多方面有联系的。

我们并且还知道，到了这个时期，一般镜奁多从实用出发，已由“筒子”形式改进成为“扁饼”形式和“花式”样子，同时还使用相同花纹锦绣镜囊，前面已提起过。唐代因玄宗八月初五日（一作初三）生辰，由国家把这一天定名“千秋节”，在这一天公私普遍铸造镜子送礼，传说最好的镜工必在扬子江心开炉泻铸。政府上下也多在这一天用镜子做祝贺礼物。唐代诗文中常提起这件事。一般“鸾衔绶带”镜，“回纹万字”镜，“真子飞霜”镜，“八卦水火”镜，大都是在节令中的产物或礼物。小型贴金银花鸟镜和金银脂粉盒子，有比一般银圆还小的，或者是宫廷中和贵族社会亲戚妇女相互馈赠礼物，是便于平日随身携带的化妆用具。

这种金银加工小型花鸟镜，有花如豆粒，鸟如蚊虫，设计构图依然十分谨严周到，统一完整。到宋代，这点特别长处就失去了。唐宋五代西蜀、江南、吴越工艺都有高度发展，写生花鸟更多名家，西蜀、湖南、吴越且大量用金银器。唯青铜镜子工艺上的特征，实无所闻。

古 瓷 记

中国古代陶瓷

陶瓷发展史是民族文化发展史的一部分。

中国有代表性的史前陶器，是三条胖腿的鬲（lì）。鬲的产生过程，目下我们还不大明白，有的专家认为是从三个尖锥形的瓶子合并而成的。当时没有锅灶，用鬲在火上烹煮东西，实在非常相宜。比较原始的鬲，近于用泥捏成，做法还十分简单。后来才加印上些绳子纹，并且起始注重造型，使它既合用，又美观。进入历史时期，鬲依然被广泛使用，却已经有另外两种主要陶器产生，考古学者叫它作彩陶和黑陶。

彩陶出土范围极广，时间前后相差也很大。研究它的因此把它分作数期，但年代终难确定。河南、陕西、甘肃、山西黄河流域一带发现的，时期比较接近，但更新的发现还不断在修正过去的估计。这是一种用红黄色细质泥土做胎，颈肩部分绘有种种黑色花纹，样子又大方又美观的陶器。工艺制造照例反映民族情感和气魄。看看这些彩陶，我们可以明白，古代祖国人民的性格历来就是健康、明朗、质朴和爱美的。

比彩陶时代稍晚些，又有一种黑陶在山东产生，是一九二一年在日照县城子崖发现的。用细泥土做胎，经过较高火度才烧成。黑陶的特征是素朴少装饰，胎质极薄，十分讲究造型。同时还发现过一个旧窑址，因此把烧造的方法也弄明白了。有一片残破黑陶器，上面刻画了几个字，很像“网获六鱼一小龟”，可以说是中国陶器上出现的最早期文字。少数历史学者,想把这些东西配合古代历史传说，认为是尧舜时代的遗物。这一点意见，目前还没有得到科学考古专家的承认。

代表文字成熟时期的最重要发现，是在河南安阳县洹水边古墓群里出土的四种不同陶器（因为和大量龟甲文字同时出土，已经确定这是三千二百年前殷商时代的东西）：一、普通使用的灰陶；二、山东城子崖系的黑陶；三、完全新型的白陶；四、带灰黄釉的薄质硬陶。灰陶在当时应用极普遍，大小墓中都有，而且特别具有发展性。到了周代，记载上就提起过用它做大瓦棺。春秋战国时，燕国都城造房子，用瓦已大到两尺多长，还印有极精美的三角形云龙花纹。又有刻花的墙砖，合抱大陶鼎，径尺大瓦头，图案都十分壮丽。在长安洛阳一带汉代古墓里，还发现过许多印花空心大砖，每块约七十斤重，五尺多长，上面全是种种好看花纹，有作动植物和游猎车马图案的，有作一条非常矫健活泼龙形的。这些大砖图案极为精美，设计又合乎科学，表现出了古代中华民族的伟大气魄和切实精神，也表现了古代工人的智慧和优秀技术。由此发展，二千年来，中国驰名于世界的古代建筑艺术，特别是一千七百年前晋代以来塔的建造和唐宋明清典型的宫殿建筑，更加显出民族艺术的壮美和崇高。

在商代坟墓中的黑陶，有几件是雕塑品，装饰在墓壁间，可以推想在当时已经是比较珍贵的生产。后来浙江良渚镇也发现过一些黑陶，时代还不易估定。近年来河南辉县又发现过一些战国时期的黑陶鼎，北京郊外也发现过一些汉代黑陶朱画杯盘，都可以说是古代黑陶的近亲。

至于白陶的出现，实在是文化史上一件大事情，因此这种花纹精美、形式庄严的白质陶器，在世界陶瓷美术史中，占据了首席位置。它的花纹和造型，虽不如同时期青铜器复杂多样，有几种却和当时织出的丝绸花纹相通。重要的是品质已具有白瓷的规模，后来唐代河北烧造的邢瓷，宋代的定瓷，虽和它相去已二千年，还是由它发展而来。

另外重要的发现是涂有一层薄薄黄釉的陶器，明白指示我们，三千年以前，聪敏优秀的中国陶瓷工人，就已经知道敷釉是一种特别有进步发展性的技术加工。这种陶器的特征，胎质比其他三种都薄些，釉色黄中泛青，釉下有简单水纹线条，本质已具备了瓷器所要求的各种条件，恰是后来一切青绿釉瓷器的老大哥。

随后又有四种不同的日用釉陶，在不同地区出现。

第一类是翠绿釉陶器，当时用作墓中殉葬品，风气较先，或从洛阳长安创始。主要器物多是酒器中的壶、尊和羽觞，近于死人玩具的杂器，有楼房、猪羊圈、仓库、井灶和种种不同的陶俑。此外还有焚香用的博山炉，是依照当时神话传说中的海上蓬莱三山风景做成的。主要纹样是浮雕狩猎纹。这种翠绿色亮釉的配合技术，有可能是当时方士从别处传来的。在先或只帝王宫廷中使用，到东汉才普遍使用。

第二类是栗黄色加彩亮釉陶器。在陕西宝鸡县斗鸡台地方得到，产生时代约在西汉末王莽称帝前后，器物有各式各样，特征是釉泽深黄而光亮，还着上粉绿釉彩带子式装饰，色调比例配合得非常新颖，在造型风格上也大有进步。一切从实用出发，可是十分美观。两种釉色的原理，恰指示了后来唐代三彩陶器，和明清琉璃陶一个极正确的发展方向。

第三类是茶黄色釉陶器，起始发现于淮河流域，形式多和战国时代青铜器中的罂、罍（léi）差不多。釉色、胎质，上可以承商代釉陶，好像是它极近的亲属，下可以接长江南北三国以来青釉陶器，做成青瓷的先驱。

第四类极重要的发现，是一份浅绿釉色陶器，也可以说是早期青瓷器。是河南信阳县擂鼓台东汉永元十年坟墓中挖出来的。这份陶器花纹、形式、釉色都和汉代薄铜器一样。胎质硬度已完全如瓷器，目下我们说汉代青瓷器，就常用它作代表。这些青绿釉陶启示了我们对中国陶瓷发展的新认识。即二千年前陶釉的颜色，特别发展了青绿釉，实由于有计划取法铜器而来。可能有三种不同原因，才促进技术上的成功：一、从西汉以来节葬的主张到东汉社会起了相当作用；二、社会经济发展，铸钱用铜需要量渐多，一般殉葬器物受限制，因而发明用釉陶代替铜器；三、釉陶当时是一种时髦东西，随社会经济高度发展而来。

从上面发现的四种着釉陶器看来，我们可以肯定，陶器上釉至迟到西汉末年，就已成为一种正常的生产。先是釉料中的赭黄和翠绿，在技术上能正确控制，随后才是仿铜绿釉得到成功。但就出土遗物比较，早期绿釉陶器的生产价值，可能比同时期的铜器还高些。因为制作上的精美，就是一般出土汉代铜器不如的。陶器形态也起始有了很多新变化，一切从实用出发。例如现代西南乡村中还使用的褐釉陶器，在信阳出土一千八百年前陶器中，就已经发现过。现代泡酸菜用的覆水坛子，宝鸡县出土二千年前带彩陶器中也已发现，并且有了好多种不同式样。

这些划时代的新型陶器，除实用外还十分结实美观，这也正是中国陶瓷传统的优点。这时节还有一种和陶釉有密切联系的工艺生产，即玻璃器的制作，同样有较多方面的展开。小件彩琉璃珠装饰品，各地汉墓中都陆续有发现（西北新疆沙漠废墟中，朝鲜汉代人坟墓里，长沙东汉墓等都陆续有发现），其中做得格外精美的，是一种小喇叭花式明蓝色的耳珰和粉紫色长方柱形器物。仿玉色做成的料璧，即《汉书》中说的“璧琉璃”，也常和其他文物在汉墓中出现。又如当时最见时髦性的玉具剑，剑柄剑鞘用四五种玉，也有用玉色琉璃做的。至于各色玻璃碗，史传中虽提起过，实物发现的时代，却似乎稍晚些。

但是由汉代绿釉陶器到宋代的官、钧、安、汝四种著名世界的青白瓷器，中间却有约八百年一段长时间，中国陶瓷发展的情形，我们不明白。它的进步过程，在文献上虽有些记载，实物知识可极贫乏。因此赏鉴家叙述中国瓷器发展史时，由于知识限制，多把宋瓷当成一个分界点，以前种种只是简简单单糊糊涂涂交代过去。一千七百年前的晋代人，文件中虽提起过中国南方出产的东瓯、白坩和缥青瓷，可无人能知道白坩和缥青瓷的正确釉色、品质和式样。中国人喝茶的习惯，南方人起始于晋代，东瓯、白坩即用于喝茶。南北普遍喝茶成为风气是中唐以后，当时有个喝茶的内行陆羽，著了一部《茶经》，提起过唐代各地茶具名瓷，虽说起越州青瓷如玉，邢州白瓷如雪，同受天下人重视；四川大邑白瓷，又因杜甫诗介绍而著名；到唐末五代，江浙还出产过一种秘色瓷，和北方传说的柴世宗皇帝造的雨过天青柴窑瓷，遥遥相对，都是著名作品，可是这些瓷器的真实具体情况，知道的人是不多的。经过历史上几回大变故，例如宋代为辽金的战事所破坏，元代一百年的暴力统治，因此明代以来的记载，就更加不具体。著名世界的公家收藏如故宫博物院对于旧瓷定名，也因之无一定标准。问题的逐渐得到解决，是由一系列的新发现，帮助启发了我们，才慢慢搞清楚的。

先是一九三〇年前后，河南安阳隋代古墓的开发得到了一份陶器，极引人注意的，是几个灰青釉四个小耳的罐子和几个白瓷小杯子。墓志写明这坟里的死人名叫卜仁，是隋仁寿三年埋葬的。重要处是青釉瓷和汉绿釉发生了联系，白釉瓷杯还是新记录。差不多同时，中国南方古越州窑的种种，经过陈万里先生的调查收集，编印了一部《越器图录》，也初步丰富了我们许多越系青瓷的知识。特别重要是一九三六年以来，浙江绍兴地方因修公路挖了约三千座古墓，墓中大量青瓷的发现和墓中出土的有字坟砖，刻画人物车马的青铜镜子，经过一九三七年《文澜学报》上的报告，让我们明白这份青瓷的时代，实包括了由三国时东吴一直到唐代，前后约六百年，标准的缥青瓷和越青瓷，都可从这份瓷器中得到实物印证。这前后六百年中国南方绿釉瓷的发展史的空隙，就和有了一道桥梁一样，前后贯串起来了。也因此明白此后宋代南方生产驰名世界的哥窑和龙泉窑，修内司官窑，都有了个来龙去脉，不是凭空创造，被人当成奇迹看待。优秀传统底子，所以它的发展，倒是历史必然了。

至于北方青瓷的发展，从汉代到隋代，中间依然还有五百年的空隙，无从填满。北方古董店虽常有一种灰青釉或翠青釉瓶罐杂器，从胎质、釉色、纹片看来，都比唐代白瓷器旧些，比汉釉陶又似乎晚些，一般人常叫它作“古青瓷”。真正时代却无人知道。另外即五代后周柴氏在显德中烧造的柴窑，因传说中的“雨过天青”釉色而著名。明清人笔记辗转抄引，更增加了它的地位，可是却有名无实。明代以来记载，矛盾百出，看不出真正问题。种种附会随之而来，假柴窑因此南北流行。廓清这种传说和伪托，也是要从地下新的发现来解决的。

中华人民共和国成立为社会带来了无限光明的希望，对于中国陶瓷史的知识，也得到了一种新的光明照耀，豁然开朗。一九五〇年，华北人民政府拨给历史博物馆一大批文物，其中有一份陶瓷，是河北省景县人民发掘出土的。器物中有孔雀绿釉，有栗壳黄釉，还有很多浅青釉和淡黄釉的杯碗，一件豆青杂釉的高脚盘，三个高约三尺堆雕莲花大型青釉尊和一蓝一白两个琉璃碗。若仅此完事，我们还会以为大致是唐宋之际的东西。可是另外还有一些素铜器和素陶器，陶骑士俑和男女俑，都可证明确是北魏以来遗物。更重要的是两方墓志和几方铜印，让我们明白，原来还是一千五六百年前南北史中有名的封家墓葬中器物！这一来，一道新的桥梁，把北方青瓷发展历史，也完全沟通了。这份陶瓷从釉色，从式样，为我们提供了许多新鲜确实的物证，不啻告诉我们，它既上承汉代青黄釉陶的优秀传统，有了进一步的提高，下还启发了隋唐二代北方的三彩陶和邢州白釉瓷，宋代官、汝、定诸瓷，一直向前迈进。同时把明代人对于柴窑所加的形容，“天青色，滋润细媚，有细纹，足多黄土”和“制精色异，为诸窑之冠”也借此明白，原来形容的大都是这种六朝瓷器。特别难得的计两种器物，一件是灰青釉堆雕莲花大尊，在造型设计和配釉技术上，都完全打破了旧纪录，达到那个时代极高的成就。造型设计且掺杂了些印度或罗马雕刻风格，可见出文化上的综合性。其次是两个琉璃碗，虽出于北朝人坟墓中，碗的形状及下部网式纹饰，和西北出土的汉代漆筒子杯花纹倒极相近。自汉代以来，统治阶级大都讲究服药，晋代著名方士葛洪著的《抱朴子》，就提起过服神仙长生药，是要用极贵重的琉璃碗或云母碗的。这种琉璃碗在河北省出土，还是中国地下材料的崭新纪录。因此这份文物，不仅可做汉隋之间数百年间北方陶瓷历史的新桥梁，还更深一层启示了我们，劳动人民的伟大创造性是永远在发展中，且不断会有新的东西，从一个传统肥沃土壤中生长的。我们读历史，就知道这个时代正是住居黄河流域的北中国人民，遭受西部羌胡民族长期战争的蹂躏，本来文化受到严重摧残，人民基本手工业生产，也大都被破坏垂尽的时期。陶瓷工人在这种万分困难悲惨情况下，对于陶瓷的生产，不仅并未把原有优良技术失坠，还继续不断讲求进步，得到如此惊人的成就。另一面，又因此知道，唐三彩陶和白釉陶瓷，都无一不是从原有基础上逐渐改进，北宋在河南河北出产的官、钧、定、汝四大名瓷的成就以及民间窑瓷器能产生如磁州窑和当阳峪窑、临汝窑诸瓷，作为百花齐放的状态，也无一不是在一定程度中慢慢提高，并非突然产生。总之，这份六朝青瓷的发现，对于中国陶瓷美术工艺的研究，实在太有用了。

总上种种叙述，我们已比较具体把中国由商代到唐初伟大陶瓷工艺的发展过程以及近五十年发现过程，得到一个简要明确的印象。还借此知道，中国陶瓷过去其所以能在世界陶瓷业中居领导地位，实有两种重要原因：一、生产方式中，很早就已分工组织，到目前为止，分工合作的生产方法，还是比其他手工业生产或半机制工业生产，细密而具体；二、聪敏伟大的陶瓷工人，不问是某一部门的工作，都是非常尊重传统的优良技术和切实有用经验的。因为他们深深明白，如何从民族遗产学习，不断改进生产的技术，又勇于做种种新的试验，方能在历史发展每一段落中，都取得非常光辉的新成就。这两种长处，即到如今还依然好好保持下来，并未失坠。

陶瓷装饰艺术的进展（上）

到目前为止，我们考古学者还没有发现能肯定是最原始陶器的造形仅仅纯粹是为应用出发毫无装饰意识的陶器。最早的灰陶即发现有编织物装饰纹样存在，随后且成为一个大宗，特别是南方生产，发现各式各样的不同组织的网纹，成为陶器局部或整体装饰的主要□□。在北方，则红质陶起始见出绘画的加工，逐渐形成各时代彩陶的千百种纹饰。把这两方面的纹样发展加以较详的分析，应当是专家的工作，本文不能一一列举。唯总的说来。陶器虽属于应用而生产，但极早即已在造形和装饰和美术不可分，则可以肯定。换言之，即史前古代人早已在日用器物上赋以美的要求，而且是普遍的。我们研究原始美术的□□，对于陶器上的反映不能不给以较多的注意和□□的分析。说它是主要的也不为过分。

较次一个阶段，是龙山黑质陶到商前期郑州二里冈，极显明，黑质陶已成为原始社会过渡到奴隶社会物质文化中的主流。这一时期对于陶器美的要求显然是重在造形秀拔和薄质工精为主要目的。

它是否受原始漆器成就的影响，虽还难于肯定，但是和部分灰质陶的烹煮器，却显明影响到早期铜器的成形。

到青铜器成熟时代的商代中叶后，就目下我们得到的材料加以分析，网状纹黑质陶还占有较大部分分量，代表中上层贵族还在使用它。高级陶品种有了发展，白垩印花陶已十分精美，就装饰纹样和器形比较分析，它和当时流行的白石器皿是有一定联系的。黑质陶还有部分生产，近于仿铜器，数量却并不多。青釉硬陶是新品种，装饰花大致可分成三类，郑州人民公园所得囊式网纹器，器形和花纹都近于早些时期生产。其次是水浪纹肩部装饰，从后来联系发展看，我们说技术如不是来自南方，也影响到后来南方釉陶的装饰。而直到五代和宋代，南方青釉五孔尊和北宋定瓷装饰技法还受到它的影响。

我们说白陶和釉陶虽同产生于商代，或不是同一时期，或不是同一技术来源，也有原因，因为如同一技术来源，则釉质敷到白陶上，即有可能产生最早的白瓷了。

和商代文化的多样性比，西周应说是个比较简朴的时代。所以白陶在西周技术即失传，釉陶也并没有得到进一步发展。近年安徽屯溪出土大量青釉陶，在器形方面近于仿铜而成，但此后有一段时期，釉陶即少见。试分析它技术失传的理由，或由于另外发展的影响。因为我们知道这时期有地方性的铜器已逐渐抬头，说明铸铜技术已非政府所能独占。而既结实又轻便且易做的漆器技术亦较普遍。釉在比较下美观不如铜，实用不如漆，而烧造技术却并不简单，因在此制节下，一时失传是意中事。正因此在较后一时可新辟来源，以奢侈品方式和透明琉璃珠同时出现于春秋战国时期墓葬中。它的分布面相当广，生产地至今却还无明确地区。在这种以陶胎加釉加彩绘的珠子类，我们发现了许多不同装饰花纹。一般通称为琉璃珠，事实上它和半透明琉璃完全是两个品种，不宜混淆的。它的应用限制于高级珠串装饰品内，可知技术是不普遍的，因此同类大型釉陶器物并没发现。尽管纯白琉璃璧，有大至四五寸径的，却未闻有同类大小彩釉陶器出现。

这时期不上釉的陶器加工倒有了较大发展。建筑用的砖瓦是这个时期出现的半瓦当纹样的多样化，以燕下都的兽面瓦当保持古典传统装饰风格，临淄的瓦当则以写意画手法见长，产生各种不同对称图案。至于西安各种类瓦当的发现，则和《史记》所称秦灭六国仿写其宫室于咸阳北阪或者有关。是仿效六国成就而非自创。但近年出土骊山大径过一尺的瓦头，还是值得注意的一种创造。战国陶瓷加工的多样化，大致可以成三大类。第一是成组列的彩绘陶的发现，辉县出土物有代表性，从纹样说近于仿效铜器而又另有新的特色。洛阳烧沟也出了部分矮足鼎花纹则较别致，有的作放射形纹样和金银错纹样相通。有的则充满民间装饰色彩。第二是印花部分黑质陶，近年南方出土较多，一般多是肩部作夔龙纹，而下部作方格或方格回云纹，时代或早一些，可到春秋时期。第三是黑质陶上的砑（yà）花技术出现，陶质多黑光黝然，或在器物烧成以后再砑压各种花纹。这种技术在龙山陶中似即使用过，战国时却成为一系，多在河南一带发现。第四种即黑质陶刻花，河南及河北均有发现。当时铜器中已有一种薄铜器上加刻画极细纹饰代铸印花纹的，或者和它有一定联系。又另有涂漆加朱绘的，材料不多见。内中三部分加工都属于黑质陶，即不是有意仿效漆器，也必和当时大量漆器生产影响有关。正如同到汉代后，翠绿釉陶及虾青釉硬质陶的大量生产，无疑和仿效铜器追求铜器效果有一定联系。

到西汉，陶器加工在装饰方面大致也可以分成四个类型。灰黑陶上加彩的，以作大卷云纹，狩猎图纹和不规则点线纹有代表性。釉陶则虾青釉硬陶时间较早，壶罍式多在肩部做三角形夔凤纹划花，纹样基本还出自战国楚漆器及金银错。其次即两色釉陶器的出现（褐黄釉上再加绿彩），以斗鸡台出土材料最显著突出。应用最普遍则为壶尊盖上及奁鼎盖上博山炉的形象和肩部狩猎纹的装饰，反映到大量北方系翠绿釉陶生产上，我们认为这种装饰纹样的成熟，必然在汉武帝时期。一方面受《封禅书》记载中神仙家言海上三山传说的影响，除当时首都咸阳昆明池中用人工堆成海上三山，上置白色禽兽，装点宫廷仙境气氛，因之博山炉则以各种各样的形象出现，而铜陶器物的盖部使用这个流行形象也十分自然。至于器物肩部用狩猎纹，则和《长杨》《羽猎》诸赋反映当时的现实生活关系格外密切。总的说来，则汉代日用陶器加工装饰纹样的基本，恰是现实主义和浪漫主义的结合。充分反映了当时社会现实生活和神仙迷信。此外由于阴阳家说法，青龙白虎朱雀玄武已应用于四方，或一建筑的四方瓦当分别应用，或于朱雀阙白虎观等大建筑上使用朱雀白虎瓦当，此外则长杨馆用野彘瓦当，鹿苑用鹿纹瓦当，详悉情形容当专文论述，不能在此细谈。正如当时用各种吉祥文字瓦当象征统治者愿望一样，共同反映这一时期宫廷艺术的特征，处处都是现实主义和浪漫主义的结合。此外当时兄弟民族艺术的影响,也有部分反映到陶器装饰上，但为数却不甚多。例如匈奴族主要装饰纹样为兽和大鹰攫鹿吃羊或猛兽搏斗图案，除了在陶制井圈浮雕间有反映，涉及中西文化交流，淮阳九女冢汉墓出土一个陶楼有几个裸体女子形象承担着楼角柱子，此外似即不多见。即在东北的朝鲜，西北的包头敦煌，西南的越南，所得汉墓陶器，也多属于中原系统而少当地艺术风格，即此也可知道当时汉文化的普遍影响，而地方艺术还少见突出特征。尽管如像西北匈奴族和西南滇人金属工艺已有高度发达，陶器方面却无显著地方特征。

晋南北朝是青瓷成熟期，由于这一时期主要生产的铜器除南方大量生产的朱提堂狼洗，还有浮起线刻法铸成双鱼、朱鹭、胡羊等等充满民间艺术风格花纹，流行国内，其余铜用器多已素朴无纹饰。唯日用器物牛羊鹿诸兽形灯的制作，在造形上还不断有新发展，博山炉也不断日趋简化，以三尖方格透空纹饰代替了过去的浮雕。谈纹饰对于瓷器的影响，我们不能不注意到这一时期镜子边缘各种连续云纹的存在。南方晋青瓷这时盘口罍式器物和鸡头壶成为主要的生产，肩部纹饰便从三个部分得到启发。一是细斜网状格子，纹和铜器网纹发生联系。二是肩部纹饰上下多作贯珠式，则仿自商代铜器装饰法。三是水波云纹，事实上即直接受镜子边沿装饰云纹影响。

至于一般肩部或分布二三兽面耳环状装饰，亦为汉代铜壶钫洗一般耳环装饰格式，别无新意。新的发展唯一部分是魂瓶类腰部用贴花法疏疏朗朗点缀些仙人骑士花朵。北方青瓷装饰部特别有代表性的是景县封氏墓出土仰覆莲大莲花尊，腰部用堆雕莲花做主要装饰，颈部用贴花龙纹，部分加以垂叶多少给人一种罗马柱头感。另有一瓜式壶肩部则作大卷草如北响堂石刻边饰。至于一般杯盘，则已流行用莲花纹装饰。我们知道，这个时代对于应用瓷器的造形要求，为秀挺清拔，和当时对于人的美学爱好相一致，所以长颈秀挺玉壶瓶式瓶随之产生。至于天鸡壶因之也日益瘦长。繁复纹饰则非所需要。所以除大莲花尊外，大量北方系青瓷都无花纹。到唐代，越系青瓷绝大部分还是不重花纹而重品质，追求如玉效果。至于小件日用器物如盒子类，花纹如龙水纹，竹林高士图装饰和鱼水纹，鸟含绶带纹，雪花放射式纹，以及方胜格子纹，则和当时金银器、铜镜子、丝绸纹饰有较多联系，并非孤立存在。而且划花、印花、雕花三种技术的应用，即开启了后来宋代定、耀、余杭南北诸瓷装饰技法的先例。唯唐代北方生产的三彩陶，则另成一系，花纹主要来源，却和当时印染绸子织锦花纹关系格外密切。唐染缬中如玛瑙缬、梅花缬、方胜合罗缬、大撮晕锦缬，及几种瑞锦花纹，实物已不多见，而三彩陶中却保留有许多不同图案。

宋代是个瓷器全面开花的时代，全国生产都得到普遍提高，因之花纹也格外丰富，官窑名瓷生产中如柴均官哥汝，青釉系追求效果多重在釉色莹泽,不重装饰。唯定窑在纹样发展中格外突出。划花、剔花、印花、绣花诸技法综合使用，达到本色瓷艺术加工高度成就。此外各地生产艺术加工也各具特色，风格独具。且和当时其他工艺有一定联系，例如耀窑的划花、剔花艺，则和雕漆剔红有较密切关系，磁州窑系黑彩雕绘，气魄雄健活泼，民间艺术趣味特别浓厚。晋阳黑釉瓷酒坛类，使用剔花露胎法，当阳峪窑使用剔花露胎部分加罩浅灰彩釉法，南方吉州永和镇窑褐釉器碗盏使用印染缬印团凤技法及剔花挂粉堆白技法，福建建阳窑洒釉形成兔毫斑鹧鸪斑和油滴斑法，以及均窑部分形成红色或整体形成红紫色加工技术，无不竞新立异，各有成就。紫定器且有用描金彩的。至于北方宋民间彩色加工瓷，且为后来明清彩瓷创造先例。至于景德镇影青瓷，主要成就虽在本质方面，然而几种不同加工技法，或上有所承下有所启，也影响到后来生产极大，如像剔花法的运用，做折枝花或凤穿牡丹图案的，使得成品在灯光下照视即透明如镂空，即开启后来永乐脱胎影青和玲珑瓷的技术。龙泉青瓷重点虽不在花纹，但部分浙江青瓷五孔尊类瓶器，还是多用斜剔折枝花法做装饰，在宋代虽不是重点，到元明却有发展，花纹处理也有较好成就，部分风格显然且和景德镇元明青花瓷异曲同工，宋代辽三彩陶虽……

陶瓷装饰艺术的进展（下）

三彩陶成熟于唐代，在陕洛间（所谓中原文化区）得到广泛的发展，主要成就在殉葬明器方面。由于唐代殉葬器物有一定制度，载于国家法令，大小数目都必须各按死人生前官阶品级，不得逾越。一般生产，或如唐人小说《李娃传》所称，设于东西二市，随同送丧仪仗租赁，执绋[①]人雇佣，明器则随需要选购，且由于商业竞争而得到不断艺术提高。又唐代政府曾于甄官署[②]下特设“冶局”，专主烧造庙宇中佛菩萨所需缨络琉璃装饰，似专指半透明彩色料珠而言。甄官署或尚有专烧特用三彩琉璃器供赏赐于死者，作为一种加强巩固封建统治对下属笼络工具事。这从某些墓葬中常常发现特种精美三彩陶可得到一些线索。也有可能贵族家中为装点死者，夸示奢侈，专托烧制特种三彩器物事，这从法令禁文可以见出。因为必先有人

---

① 绋（fú），古代出殡时拉棺材的大绳。

② 甄官署，古代官署名，提供建筑材料及建筑中所用装饰用品的政府部门。

不尊制度，竞奇争新，劳民伤财行为已成为一时风气，才会用法令加以禁止，限定大小数目，不得越轨逾制！

多色釉琉璃陶，较早于西汉王莽时墓葬中虽已出现，此后即中断数百年。至于三彩陶大量用于明器中，还是说从唐代起始，比较适当。至于琉璃砖瓦陶应用到特殊建筑装饰方面，照过去诗文记载，当始于北朝。画面上则敦煌北朝壁画建筑屋瓦即有了反映。但事实所谓“碧瓦”“缥瓦”，在陕洛间唐代出土实物还未闻有什么发现。一般唐式莲花瓦头，多为普通不上釉灰陶所做。近年唯东北发掘渤海王国遗址，曾得到些建筑上碧琉璃鸱吻，有些近于孤证，因此时代亦难免完全肯定。其次即历史博物馆在河北巨鹿发掘，曾得到一件大及四五尺的黄绿琉璃陶佛背光残器，时代早到何时尚难说。唯巨鹿被水淹于北宋，由此可以推知，这件器物即晚也必产生于北宋初期。又河北易县罗汉堂，曾有大及人身三彩罗汉十六尊，可知当时也有用三彩陶做佛像事情。这些罗汉具体时代论断不一，就造形逼真和脸形清秀庄严看来，可能还是唐代产物（原物已为美帝盗去）。北宋时建筑专书《营造法式》，已有专章叙述及琉璃砖瓦烧造制作用料等等记载，即此可知，至迟到北宋，开封若干著名庙宇建筑，如景灵宫、玉清昭应宫，及较晚之绛霄宫，必已有使用琉璃砖瓦做装饰的。这部门烧造技术到元明间，却在山西得到特别发展，产生许多精美艺术品，工师姓名从陈万里先生和高寿田先生调查报告中，还可得到一些线索。在山西目前就还保留下许多巨型琉璃工艺品，很多并且还记载有当时烧造工师姓名，这些人和他们的艺术品，无疑都是当时为广大人民所熟习热爱的。即北京明清诸大建筑琉璃牌坊、照壁、殿宇和南京北京故宫中琉璃装饰，也多一脉相承，完成于山西工师手中。

至于三彩琉璃陶用器到宋代后，唯东北居住的契丹人墓葬中尚有发现，普通器物以方碟和花式长盘较有代表性。作规矩花多大唐以来旧制，图案近于从锦缬花纹而出。作折枝牡丹则纯属宋式。谈瓷的一般多称“辽三彩”。胎质既较粗松，釉泽也不大精美，唯艺术风格，正因此种种转而越加显著，使人一望而知。到宋代河北地区也还有三彩陶，釉色特征为黄釉较少，主要为绿白釉相混作为主调，装饰效果也因之比较清秀，不如唐代沉重。但已近于三彩尾声，反映人民对于日用器物新的要求，三彩装饰法已非重点。

至于瓷器，明代以来，江西生产虽已有笼罩全国势（特别是长江流域），唯若干地区生产，还是随同社会发展，有广大市场。特别是浙江龙泉系青瓷的处州青瓷，即还继续行销海外。

谈瓷书籍对于这时期处州青器，虽认为长处只在质实不易破碎，褒中有贬，工艺上已不如宋龙泉精细。但在装饰加工方面，事实上却还有发展。以折枝花为例，宋代多在小碟盏内加印一小小图记，作双鱼或小朵牡丹（双鱼作阳纹，牡丹作阴纹），作为点缀，明代却加以扩大应用到器物各部门。方胜格子宋代只在瓶子类偶一见之，元明以来则已成一般装饰。加工技术大致以划剔为主，也还用堆贴花技法。又宋代小件洗碟类，常在中心露胎作双鱼纹，到明代，却用同一技法做较精细浮雕，反映“鹿鹤同春”等画意，笔法秀美。

浙江博物馆近年曾得有许多残器，都做得相当精致。由于胎质较薄，完整藏器似还少见。至于北方系民间日用瓷，白釉加黑绘作折枝牡丹花或龟龙的酒坛类历博即收藏不少。一般产品还具宋代规模，唯画意已草率纤细，不及宋代磁州窑壮美。褐黑釉器肩部剔花的也还有生产。唯有代表性的民间瓷，还应数彭城窑坛罐瓶盘，多于牙色釉或油灰釉在器物局部上加绘黑彩折枝花，有些花上还挂点粉，在处理方法上可说一面是保存宋瓷枕折枝传统，一面却开启了清初江西粉彩折枝技法。画虽出于民间工师手中，画意却不俗气，还充分保有徐青藤（文长）、陈白阳（道复）折枝写生潇洒笔墨，比清初部分江西粉彩似还较高一筹。只可惜由于器物多属日用油瓶酒罐，且因过去谈瓷艺的未加以应有重视，较精美的又多盗出国外，这部分艺术成就，因之谈瓷艺多无所闻。唯用来和时代大体相同的江西瓷日用器如“玉堂佳器”类工艺图案比较，吾人必可得一印象，明白彭城窑画意在近古陶瓷工艺上宜有一定地位也。

山西法花瓷盛于明代，是在山西元明琉璃陶基础上的一种成就。工艺上主要特征，为青地或紫绿地上堆加彩绘，起线如传统壁画之滴粉销金，在线内再填彩。工艺处理大致也是同样使用猪尿泡内贮原料挤于器物上，构成花纹，再加彩料做成，因此名为“法花”。地色既较沉重，彩料色泽又复十分鲜艳，因之形成一种强烈效果，在瓷工艺上自成一格。从瓷器传统要求和发展而言，彭城窑有普及性，法花瓷作佛前香炉蜡台为用得其所，做花中墩子，已显得有些刺目。如做案头瓶罐或其他用器，却起不易调和感。唯法花瓷瓶罐类，有些在肩部用雕贴花作写生花作装饰如“富贵如意”设计的，式样比较活泼，如和当时山西民间流行大红描金漆器结合，还是可得一种壮美粗豪效果。法花瓷在艺术上的估价过高原因，实由于十九世纪在国外影响。从传统陶瓷艺术习惯说来，成就是有一定局限性的。主题画大致可作三类：一、串枝牡丹，二、折枝花，三、人物故事画或八仙寿星等吉祥题材。

这一时期主要成就，当然是景德镇产品。元代以来，釉下青花和釉里红装饰，已代替了传统的影青法，得到较大发展，在烧造上红色火候虽还不容易完全掌握，常做成灰墨色，红釉且多散晕，不易固定。青花虽似较好一些，还是不能随心所欲。装饰大致可以分作三种类型：一、云水龙，二、写生折枝，三、串枝花。口径将近二尺大海碗类，做串枝牡丹的较多。盘器则主题部分用折枝花，边沿用云水云兼小簇花为常见。立器坛罐类,则肩足部必用水云纹装饰，或加一云肩式四垂绣帕，主题则用方胜如意开光绘折枝花与水云龙凤。做串枝的花叶多满填空间，因之体积不大，亦容易形成壮实饱满效果（例如故宫陈列的釉里红灯壶）。和元明间雕漆印花布艺术要求相适合。写生折枝露出空间较多，要求还是图案效果。至于局部水云装饰，虽属图案处理，因曲折流动，却得到些调剂，不至于使主题过于板滞，并启永乐宣德装饰风格。在设计意思上说，粗线条处理和当时大铜镜上反映的云龙凤鱼水，螺甸嵌大木箱折枝牡丹等艺术风洛，同属一种类型。如和近年安徽及南方其他各地发现之大量金银器物上装饰花纹比较，即可知这一时期，金银工艺仍是重点，实上承宋代以来工艺图案的秀美活泼，而下启宣德成化花纹较多。至于这一时期著名之单色釉影青官瓷“枢府窑”，多一般小件日用器，部分花纹作放射式图案的，似仍沿袭宋影青技法。部分作折枝花的，因花朵较拙，胎质较厚，釉如冻子[①]，花亦不甚显著。也尚有拟定式瓷作各种写生花的，产量并不多。极显明，青花器已成这一时期主要生产，釉里红亦同时在探索中得到不同成就，一般器物件头多较大，海碗口径将及二尺，大冰盘且过三尺，坛罐类也有高过二尺的，为宋影青所少见。这类大型瓷器的生产和龙泉青瓷发展趋势正相同，有两个可能原因：一为适宜于蒙元贵族统治者的大吃大喝生活需要；一为和外销需要有一定联系。因为在中近东海外博物馆中，这类瓷器保存得格外多。过去多以为系明初洪武永乐产物，近年从比较上才把时代提早到元代。元代时蒋祈曾于景德镇监窑场，并著有《陶记略》叙镇上生产，近年故宫曾发现有釉里红花式洗作水云纹，器底有蒋祈题名，釉底红烧造法和彼可能有一定联系。

青花得到进一步发展，且成为中国近五百年江西瓷主要生产，基础虽奠定于元代，却直到永乐宣德技术和艺术才日趋成熟。从前人笔记和历史文献结合，则部分原料实来自南洋，和当时郑和七下西洋海外活动有密切关系。因为历来传说青花瓷色料“苏泥勃青”（或苏麻离青）均以为系自外来。历来谈宣青的工艺特征，也多注意到

① 冻子，一种透明的胶质混合料，干后坚硬。可以用它制胎；或代替漆在器上做出花纹来。

这个原料问题，却不甚注意到技术加工处理过程。如就实物加以分析，则宣德青花所形成的艺术效果，原料固然是一方面，另一方面可能还是加工技术也不同于嘉靖、万历。宣青在瓷器上形成的艺术效果，除青蓝鲜艳，还有种浓淡不一类似刺绣中三蓝法的效果，有可能是经过三次以上不同浓淡色料涂绘才完成的。较大器皿或者还系先就原胎先做浅剔勾成花纹，随后才在上面先后涂绘，用料也有干湿，才能形成预期效果。装饰技法总的说来则大致可分作二类:一、青地白花，二、白地青花。青地白花又可分成两式：一如故宫陈列之大蓝白花盘，近于霁青露白，下启清代“盖雪”技法，和漆器中剔灰法实一脉相通。另一式如故宫云水白龙大胆瓶，只是满绘云水尽白龙显得格外凸出而已，事实上云水间还是部分露白的。白地青花则装饰虽不外五六种主题画，唯反映技法却各不相同。同属串枝，也有许多式样。同属盘类，中心圆即做出许多不同变化。同属云龙凤，也有许多发展，为过去所少见。小团龙凤装饰，与同时期金银锦绣花纹实同源异流，唯用于瓷器装饰上，还更显得活泼秀美。团龙凤花式洗子、云龙大型扁瓶、敞口式松竹梅大碗，花纹多能结合新的造形得到极好艺术成功，不仅为过去少见，也同时为后来所不及。因此谈宣德青花成就，孤立来说还不易透彻，结合器形种种特征，则明眼人即一望而知！至于影青式装饰法，明永乐薄胎杯碗，及厚胎甜白器，虽还采用，薄质脱胎压手杯作双狮滚球，又宣德釉下红作三果三鱼，在艺术上也还得到一定好评，事实上主流已属青花，别的只不过是聊备一格而已。即从分量上也可看出！而且影响到清代雍正青花，还十分显著。宣德青花一定程度的散晕，本来是技术上的不稳定，但正因此有时所得效果，比后来嘉万青花反而活泼流动。这种不稳定散青情形，到成化淡彩青花已少见，到嘉万即完全绝踪。雍正才又有模仿。历来谈青料问题的，多传说回青代苏麻离青始于正德间。如从实物比较，则回青应用实在嘉万间。正德成化，青料虽较浅于永宣，却少基本差异。唯到嘉靖、万历，则青料深茜有余，活泼不足，始见显明区别！宣德时尚有一种在白瓷上作铁锈褐彩折枝花的，正德尚续有生产，此后即无所闻。这种加工最先即见于晋代浙江系青瓷中，和当时流行的印花绸子有点关联。宋龙泉青瓷也有在玉壶春式瓶上作一定褐斑的。到明代才有意作折枝花。

冬宵、霁红、雾蓝，在明初虽已得到不同成功，到宣德还有进一步发展，但综合使用产生素三彩，却还得再过二百年的康熙时才出现。或在青花瓷上加彩，产生新的彩瓷，宣德虽已开其端，却成熟于成化正德间。在艺术风格上、题材上，才一变永宣以来的拙重而趋于秀美清雅，青色则由浓厚而趋于浅淡，彩料则鲜明纯净，题材布置也大有变化，多从画意取法，如作山水花鸟，多只就器物一角加工，尽较多部分见出空白，形成新的画面效果。特别是绿、黄、矾红、浅紫诸色在青花瓷上的综合加工，产生的五彩或豆彩瓷，鲜明妩媚，在艺术上取得的复杂效果，在景德镇瓷成就上也是崭新的。一般多较小器物，画面或作如意云或作折枝葡萄，或作折枝花鸟，或作婴戏图，或作子母鸡花鸟草虫。以子母鸡小酒盅最著名。胎质莹薄，彩色鲜润。唯瓷器重点转为小玩赏品，启后来古月轩鼻烟壶一格，不免由精细流成纤巧，从发展说，影响自然也有得有失。晚清《陶雅》谈成彩多以为实仿自康雍，见解实有一定道理。故宫图录中过去几件大件彩瓷，时代可能多较晚一些。

近人郭觯斋刻印了一部《项子京瓷器图谱》，用精美彩印流传，内中刊载有许多宣成以来彩釉彩绘小件瓷，式样多比较新颖别致，部分可代表当时案头文玩瓷的成就，部分或出虚构，只是从银铜器摹取而来。

正德较好成就，一为孔雀蓝釉的正确掌握，一为拟琉璃陶绿黄彩的试作，都得到艺术上新纪录，故宫陈列的一个暗花大碗和一个云龙钵盂可以作例。

下及嘉靖、万历，主要成就为青花和五彩分享，各有不同成就。到这个时期，装饰不免日益繁复，特别是由民用进而发展为宫廷爱好的五彩瓷，以云龙凤做主要装饰，总是红绿缤纷成一团，华美壮丽有余，而缺少艺术上内涵之美，令人有一览无余感。同时也反映宫廷艺术上的夸张，正影响到一般工艺的要求，因为除彩瓷外，彩绘漆、丝绸、景泰蓝无不有同样趋势，特别是官服过肩蟒一类锦缎方面更加显明，色彩对照格外强烈。

明代这一时期正是道教神仙在宫廷和民间均极得势时，因此工艺各方面也有反映，如像用云鹤游天、八仙庆寿等主题画在青花瓷中即占一定地位。这时期又正是通俗小说戏剧版画盛行时期，因之青花瓷器上用小说戏剧故事题材做主题画的也相当流行，影响到清初，便成为一个专门项目，产生了许多不同艺术品，除青花五彩外，还有黑地绿地等开光大凤尾瓶、观音尊、大冰盘，上面满绘《三国演义》《列国志》或《隋唐演义》故事，通称“刀马人物”，于瓷工艺中自成一格，在海外备受尊重，成为许多博物馆中引人注目的陈列品。

用鱼纹图案装饰陶瓷，由来已久，因为在仰韶期红胎彩陶上就有极好表现。宋龙泉青瓷则由汉双鱼洗习惯,将双鱼缩小用于盘洗中，象征“富贵有余”。北方定式瓷印花或磁州墨绘枕子也用鱼，则多取鱼水和谐寓意，正如铜镜上双鱼在水情形相同。又由于金代的官诰使用鱼藻锦，在明代锦缎中多方面使用，已成社会习惯，同时又由于宫廷畜养金鱼朱鱼嗜好流行，因此嘉靖五彩鱼大罐，做得画面壮丽活泼，成为这一时期彩瓷艺术新成就。另有种霁蓝地露胎刻画三鱼七寸小盘，鱼多刻于盘外沿，由宣德即创始。明代重灯节，圆式宫灯多四围垂珠缀网，图案效果极佳，五彩瓷也用之作图案，小盘类且多加百子观灯。彩瓷较早或因作长方印盒而流行，这种印盒多作双云龙或龙穿花，在明人清玩中为不入格，但在官宦人家却必然受重视。还有五彩云龙笔架，也做得极粗俗，从造形说，这一历史时期和一般工艺品近似，有的日趋拙陋，和宣成比，不免相形见绌。隆庆天启，更少生机。唯民间青花瓷却转成重点，有种种不同成就。特别是案头陈设及日用大器瓶罐类，青料虽多近灰淡，失去本来鲜明，画意转日趋高明，摆脱宫廷庸俗拘板，花鸟画草草构图，生趣充沛，而且活泼大方。许多花鸟画就时代说都较早于八大山人，而画意倒与之相近。因此我们说，久住江西之朱耷，花鸟画的艺术风格，或从时间略早之江西青花瓷及其他工艺画得到一些启发，大致是不会太错。

景德镇瓷进入一个更新的时代,实在清初约一世纪中。它的成就，概括下来大约可作三个方面：一、仿宋法古，二、有色釉，三、青花和五彩。仿宋法古上到仿战国金银错壶，下到唐三彩及官哥钧汝，无一不取得卓绝成功。有色釉则胭脂水、豇豆红、龙泉青、孔雀蓝、瓜皮绿……以及油红、变均不下百十种，真做到得心应手，随心所欲，而且釉色鲜明莹泽，胎质精美，都可说前无古人。青花五彩，更加使这一历史时期的景德镇生产，达到瓷工艺历史高峰。青花加紫、珐琅彩、满地百花、素三彩，或以华缛取胜，或以淡雅见长，更是花样翻新。特别值得说说还是画意精美和瓷质莹洁及造形秀挺三者的密切结合，反映到康熙、雍正及乾隆初期前后约八十年中生产，直正是百花竞新，光辉灿烂，达到了景德镇生产历史上高峰！

在艺术方面由于品种多，方面广，兹只能就其特殊成就分别做简单叙述：

青花康熙成就在山水画，大笔筒有代表性，笔虽有简繁，一般多从元明人取法，设意取境，因之比四王成就还较高一着，由于青料特别纯净，在瓷上形成一种新的效果，更远非普通水墨画所能及。也有用恽南田[①]法作丛菊于笔筒上，得到极好效果的。薄胎则仿明人

---

① 恽（yùn）南田，明末清初著名书画家，常州画派的开山祖师。

卵幂杯制法，尝见为十二月花式，作各种小花草，清润秀美，自成一格。近三世纪中都续有仿制。海水鱼龙变化大盆，水云汹涌，咫尺间令人起江海思。

彩绘以储秀宫款黄地小簇花加三果大冰盘做得华贵秀雅，无与伦比，有代表性。又五彩花鸟大鱼缸，彩中兼施金彩，画格也极高。又硬三彩作花果盘子，也自成一格。至于黑地五彩刀马人物，则诙谐恣肆，特别富于民间趣味。彩绘中之珐琅彩，多作规矩写生洋番莲或小串枝，也间有作蝴蝶及皮球花杂花的，和当时外来画家郎世宁艺术风格当有一定联系。这一品种则生产至贯串以后雍乾两朝，自成一格，通称“珐琅彩”。本出于铜或金胎画珐琅，又转而影响珐琅技法，推进珐琅发展。

素三彩，以淡冬青及青花加紫或部分剔雕挂粉做成，色彩淡雅清秀，当时既极重画意，因之这一品种不论山水花鸟，均得到极高成就。它或和明代十竹斋印花笺有些联系，因为色泽配合十分近似。配色近似从钱舜举[①]、陆包山[②]得到些启发，却用淡三彩反映到瓷器上得到非常成功。生产唯限于康熙一代，此后即失传。

矾红绘虽始自宣德，到康熙得到新的使用，即作彩墨料绘人物画，如作八仙过海碗，艺术水平亦极高。亦有红彩描金作勾子莲的。唯矾红工艺最高峰实在较后雍正一朝。如故宫陈列馒头盒及海水翻腾

① 即钱选，南宋末至元初著名花鸟画家。

② 即陆治，明代画家。

小杯，艺术水平都格外高。此后道光时满地红露白则称“盖雪”，红色已日趋灰暗。同光日用饭器作三果，则为此一技法尾声。

清初康雍乾三朝。雍正时间不过十三年，但在瓷器方面成就，却笼罩前后百年。仿古则官、汝、哥、钧都达到逼真情形，变均且超越前古，得到崭新成功。一色釉多样发明，几乎任何一种釉色均可掌握，自由烧造。青花则一反康青之浓茜，折中成宣，花纹亦格外秀雅文静，加以和新的造形结合，得到成果也完全是新的。彩绘中的粉彩折枝，多用恽南田法，胭脂红花头特别鲜艳，特别在设计上见巧思。豆彩则一反明代五彩混乱,康熙五彩生硬而转为明润调和，细致周到，节奏感极强。即做一皮球花，也能从圆中见巧，千变万化，和满地花异曲同工。总之，许多近于奇迹的瓷器艺术品，均完成于这一段时期景德镇艺人手中。

乾隆一朝总结康雍成就，更做多方面发展，可说是景德镇瓷全盛期。唯最大成就，似乎应说还在技术方面。例如不同品种的混于一器物的制作，一个大转心瓶外部主题画作锦地粉彩，肩部作青花，另一部分又作哥瓷釉，而中心小瓶则用金廷标画意作五彩百子戏春图，许多釉料色料受火温度均不同，却能集中于同一器物上同时表现，真可说是一种绝技。但由此巧作要求，不可免形成一种不大健康趣味发展，象生仿菜蔬瓜果鱼蟹，虽做得栩栩如生，却劳而无功，和瓷器艺术本质要求相去日远。末流所及，便因此谈这一时代瓷器，除部分沿袭康雍成就水平，尚能做出许多不同产品，此外便是这种“巧作”给人印象格外深刻。相形之下，嘉道以后，由于物力不足，反映到瓷器生产上，自然不免是难以为继。其实如另立一种标准，就瓷言瓷，嘉道以后的锦地开光饭食器和癞瓜过枝茶碗类，虽无足称道，但道光时小簇草虫碗碟和象生仿竹笔筒，用费小楼笔法作的仕女画，总还有些新意。行有恒堂款墨地加金，在技法上也依旧是一种发展。又由康熙时拙存斋，乾隆时宝啬斋，乾嘉间彩华、彩润、彩秀，道光时行有恒堂等特别款识器物，在装饰方面也还有不少能突破传统拘束，自出新意的。总的说来，康雍乾三朝官窑百年间生产，在艺术上成就，实可说前无古人，后少来者，一切成就，都是景德镇瓷业工人共同努力的结果。嘉道以后，便随同政治情况，帝国主义的侵略，不免日趋衰落了。

车 马 记

谈车乘

《穆天子传》称周穆王驾八骏马会西王母于瑶池之上。有无八马车出土或形象出现？世传八骏图时代多较晚。这个文件，似出于晋束皙整理太康二年汲郡出土竹简搞出来的。所以汉石刻及壁画均无反映。即到南北朝，画面上也未见到。唐代只李世民墓前“昭陵六骏”，虽反映的是他本人作战坐骑实物形象，且各有名称。装备的“五鞘孔制”且为唐代鞍具制度，见于史志。但多少或受了点八骏传说及名目影响。

个人所见，似乎还是元明人所作《八骏图》。是否由赵松雪创始，已难记忆。

传世五代人绘《汉武帝见西王母图》（或《会上元夫人图》？）并无车乘表现，只背景作瑶池水波。

《诗》称“六辔沃若”，又古文有“驾朽索而御六马”，可见古代必有“六马车”。有没有形象可证，或遗物出土？照诗文称引应当有。遗物似未闻发现，图像也未在汉石刻有反映。

汉代郡守似有“五马”之称，石刻和砖刻宜有反映，也没有见过。或者另有解释，不得而知。

《司马相如传》似有“不乘高车驷马，不归故乡”语。应作何解？有无形象可证？是不是司马相如文传，难于记忆。“高车”或指“高轮”或“高盖”，即车中那个高高的伞盖。蜀中近年出土汉浮雕砖即可证明。传世或出土铜鎏金水仙花式的“盖弓帽”，就是在伞盖末端，有整份出土物，数目难记忆，不过据此可知，这种高伞盖，是可撑可收的。如复原，或能有个六分近似。但河南浚县卫墓出土驷车复原实物，得知西周还没有用伞盖，虽曲辕在中，旁各二马，但直衡和套马颈部之轭，彼此相互关系，如何才能达到“控纵自如”情形，模型所见，似还不大具体。报告或已有具体叙述，不妨查查。汉末两晋间还有些四马车形象，反映到绍兴出土铜镜子上，主题却是“西王母会东王公”所乘车。车作轿子式，两旁有窗，四马奔驰，后垂长长丝绸车帘，似由后面上车。汉石刻也有同式车子，只独马。记得曹操借故把三国时著名文士杨修杀害后，曾写了个信给杨修父亲汉太尉杨彪，送了些礼物，又用他的妻子名义，给杨修母亲一些礼物，内中有一辆车子，似名叫“通明绣幰四望七香车”。名称过长，不大容易记得清楚，可能有些遗漏。照时代估计，应当和镜子上形象相近，大致只是独马。它的特点是轿子式，后面拖曳长长绣幰，还影响到隋唐贵族妇女用小黄牛驾的“金犊车”或“油碧车”。镜子上四马，或因西王母的身份，本意或许用八骏马，受画面限制，只用四马表现。另外，还有同时或晚些传为顾恺之画的《洛神赋图》所乘四马车，车后斜插二火焰边长旗，即史传所称“王者乘九斿之车”，马前两旁还各有执弹弓任保卫责任的“附马”，真正名副其实的“附马”。照画中男女人物衣冠制度说来，至早是北朝人手笔，比顾可能晚二百年或更多。因为给画中洛神着齐梁时装，男子臣仆着北朝装，此画出现事实上还可能更晚些。时代必在隋唐间，才会这么办。极可能，是隋代画家作的。因为赋中“蛟龙挟毂，鲸鱼为卫”，鱼龙形象和敦煌隋壁画反映极相近。而执弹弓附马，也是隋唐制度。记得说的是王公贵族出行时，用来驱逐拦道行人，也即镇压人民意。（后来“弹压”二字，可能即由此而出。是否这样，得问问编字典专家！）

这个“王者九斿之车”，虽不一定出于东晋顾恺之手，但是用到晋代大事件上，还是可以参考。比如说，我们如绘“淝水之战”，谢玄十二万人如何击溃了苻坚数十万人马情形，史传记载，还曾提及当时苻坚做皇帝的车驾御辂也丢失了，用这个车做参考，似比用别的合适一些。比较后些，宋初作《绣衣卤簿图》和清《卤簿图》或《南巡图》御辂都更壮观些，但不如前者时代较接近。

此前一定还有不少四马车图像，只是限于见闻，难提意见。

“执辔如组，两骖[1]如舞”，《诗经》中所提，是否和三马车有关？

说起《诗经》，我真惭愧，也可说“读过还背诵过”，也可说“毫无知识”。因为六十年以前，记得在私塾上学时，每天温书，内中《诗

① 骖（cān），本意为驾在车前两侧的马，引申为驾三匹马。

经》最容易背，内容可比《论语》深得多。如“关关雎鸠”，老秀才塾师，也讲不出所以然。好奇心强，问得多些时，就得自己搬凳子，到孔夫子牌位前，伏在凳上，被狠狠揍二十板，事后还得向牌位作个揖，搬凳子自归原位。因此一提《诗经》，就联想到这种封建教育。加之时间过了半世纪多，就多模模糊糊了。好像还有个“两骖雁行”，若只重在解释字义，查查《十三经注疏》省事，如所说恰指的是三马车，图像似无反映。或许是由于我孤陋寡闻，提不出形象证据。还依稀记得《左传》上或别的提到个故事，说某马必蹶，或和三马车有关？至于两马驾的“骈车”，那倒比较容易明确。不仅用马，还有用“鹿”用“牛”的，倒像是读书人闻所未闻。照应用说，这种两马骈车，是最容易控御的。所以孔子谈教育中的六艺之一的“御”，那驾车技术的训练，虽不明指马数，有可能只指一马。不过后来说的骖乘，似即指车旁的卫士骑从而言，如汉代四川蜀中画像砖，骈车旁二骑从，《洛神赋图》中二挟弹弓骑从而言。这种专门知识，恐得问“专家”！因为记得历史博物馆曾陈列过不少马数不等的模型车，向“专家”请教，不会错。我说的可能是“专家”不注意的小问题，是常识，是客观现实。

谈辇舆

《史记·夏本纪》称“禹行四载”，四种交通工具中有“山行乘檋（jū）”，注解恐难得详尽。特别是这种古代交通工具本形及其以后发展，用以书注书方法，不免顾此失彼，读者既得不到原来形象具体知识，更难得到在历史发展中，这一奴隶社会残余转入封建社会制以后种种知识。试从形象出发，结合史志记载，相互印证，看是不是可得到些新的常识。

金文中常见“辇”字，反映奴隶制社会，奴隶主虐待奴隶现实，用人当牲口使用四人拉车的情形。殷商发掘是否有遗物出土，不得而知。《史记》提“山行乘檋”，集注会注必有解释，不是本人所能深究。唯就“山行”二字而言，可以推测得知，必是“抬举”而不是“推挽”。（古有舆人之诵，得知周代还在使用，但是否即“檋”，个人为无知。）汉石刻千百种，似无形象可征。四十五六年前，记得曾展出个五代周文矩《大禹治水图》，有不少人夫开山运石，是不是同时也有檋的形象，已难记忆。至于清代那个一丈多高大青玉雕的

《大禹治水图》，时间差距过远，不可望发现有用证据。

直到近年，云南昆明附近石砦（zhài）山发现的大量青铜器群，在一个铜鼓边缘装饰图像中，却有个西南夷酋长出行图，给了我们不少新启发。这个酋长是稳稳当当半躺式坐在个四人肩扛的家伙里的。人人耳着大环，头缠长巾，前后亲信随从，均腰围虎皮，表现得十分明确具体。不仅证实了二千多年前古代“檋”的式样和坐法，还同时证明了此后千余年唐人樊绰著《蛮书》里提起的南诏酋长随身亲信官必身披“波罗皮”的事实。因为《蛮书》就说“波罗即老虎”。这个图像的出现，即可证明“山行乘檋”的制度，还可说明《蛮书》所称南诏土官必腰围虎皮，西汉以来就是这样，延长千年还未大变。（并且因此明白明以来犀毗漆中“斑犀”又称波罗漆的由来，技术实传自云南，首先或多用鞍鞯，和赵璘（lín）《因话录》记载，说犀毗出于南诏鞍鞯叙述相同。）

汉石刻多成于东汉，且集中于山东或徐州一带地区，交通发达，没有“檋”的应用形象，事极自然。但为时稍后，就有发现，反映在《女史箴图》卷中。文章出于西晋著名文人陆机（即《文赋》作者），文章辞约而意深，不愧为好文章，画则历来以为成于东晋顾恺之手笔。就画言画，产生有可能还较早一些些，因为内中“人莫不知修容”一段中，有个梳头宫女，发髻后曳一长髾（shāo），完全是汉代制度，和近年出土壁画多相同，而地面席前搁置一漆奁，汉末似名叫“银参带严具”，见于曹操《上杂物疏》，在严可均辑《三国文》中，当时即作为贵重事物，所以缴还政府的。东晋则受法令禁止,已不使用。所以原作可能还早几十年。出于陆机同时的画家之手。这个卷子或是重摹，时代又较晚于顾好几个世纪，疑出自隋人。因为：一、题字和隋代字体极相近。末题顾姓名，当时似还无这个习惯。二、奁具上柿蒂画得不大对，显明已不懂制度。这当另做商讨。

更重要还是这个画卷里有个八人抬的似床非床、似榻非榻、上加纱罩帐子的坐具，内坐一人似乎还在从容读书的样子，晋代名称应叫“八杠舆”或“平肩舆”。又还另有个砖刻形象，除上作罩棚，不是纱帐,其他大同小异。记得《晋书》或《南史》曾提作“平肩舆”，而侍从鼓吹必着“荷叶帽”，这个砖刻上即前有鼓吹，后有仆从，果然帽子多像个倒覆荷叶，可知流行时代，宜在公元二三世纪间。如不文图互证，认识是难具体的。

到唐代,则发展成为“腰舆”或“步辇”。唐代名画家阎立本、立德，具家学渊源,画艺多于其父隋名画家阎毗。传世《列帝图》即出其手，内中梁武帝也坐了个有脚的平榻状东西，旁附双杠，似由四人抬扛，和前者相似而不大同。特征在用手提,齐腰而止,照史志称呼,宜名“腰舆”。当时大致只限于宫廷中短距离使用，出行是不抵事的。

阎立本既承家学，唐初由虞世南等制定官服制度仪卫规则时，阎氏弟兄即参与绘图。如用《列帝图》和敦煌唐初贞观时壁画《维摩说法图》下列帝王大臣听经形象相比证，可知《列帝图》所绘必有所本，非驾空而成。特别是关于“腰舆”的应用形象，必有一定真实性。因为凡事不孤立存在，这个“腰舆”实上有所承而下有所启，同时又还可能有别的相同存在的。

传世名画还有《步辇图》，绘李世民从容坐在“腰舆”上接见吐蕃使者形象。前有一着青绿执小笏赞礼官，腰系“帛鱼”，后即吐蕃使者，拱手而立。步辇前后有宫女四至八人，穿紧身小衣，波斯式金锦卷口裤（和洋服裤极近），软底锦鞠（yào）靴（即后人所谓小蛮靴），披长帛，腕着蛇形金钏，《拈花图》似乎也有过（这种蛇形金钏似外来物，实物只明万历七妃子墓中曾出土过）。李世民着黄色常服，黑纱幞头，相当文静，须角虽上翘，却与后来诗文形容虬髯可挂角弓（似应为如角弓）不大合，无背景，显明近于刚从宫中出来，半道相遇而停下来接见的。似不符合应有排场。好像是时代较晚什么人，把阎作《职贡图》不一定是吐蕃使者中一人，配上隋炀帝一类人物“夜游图”凑合而成。因此是否成于阎之手笔实可疑。但这问题不是本文拟商讨的。只就“步辇”而言，得知是用丝绳一端系在杠上，一端挂在肩头，手扶杠杆行进的，应用情形是相当明确的。唯宫女衣着上身似有点不三不四，在唐代为仅见，近于孤立存在，值得研究。

（史称黄巢入长安时坐在肩舆上。将不外以上几种式样。个人认为参考前三式似乎妥当些。至于《列帝图》《步辇图》中所见，似近于宫廷中物，应用到黄巢入长安场面，实不大合适。目下陈列画面则似参取最早一式，即石砦山式。但如参第三式或较接近真实。）

再晚些，即传为晚唐画家周昉（fǎng）在所作的《宫中图》卷里所见的一个方轿式形象，却像是为封建帝王小公主一类带游戏性的东西，也可说是“凤辇”的雏形，因为杠头前端刻了个凤头（记得宋摹唐人绘《阿房宫图》中一个游船，也画作凤形）。

照史传记载，这时已开始出现“担子”，计分两种用途：一为在宫中朝见时，特赐年老大臣，作为一种特别恩宠待遇。正如清代“赐紫禁城骑马”差不多。一为出远门代替了骑马旧习惯，改用人力代马。两种“担子”究竟有什么区别，我们却近于无知。宫里应用只有《宫中图》小型凤辇可得大略印象，上远路则无图像足征。直到五代人绘画里，还是只有《游骑图》传世（赵岩绘《游骑图》）！

记得故宫八年前名画展览时，曾有一大幅金碧山水，原本即近于逸笔草草（金碧山水还无此一格），绢素又十分破碎，且尺幅极大而景物极细，故宫专家定为“唐”，却照例并不说明什么是唐，特征何在。其实证明非唐，倒有二特征值得注意：其一，其中过桥、入庙，到处有不少成形的二人抬轿子出现。其二，即画中人物衣冠别致，非唐非宋，多戴一种高筒尖帽，为任何图像所少见，违反了凡事不孤立规律。是否较后一时高丽画？大有可能。不过对于字画时代鉴定，有的是专家“权威”，我从来少发言权，只是从制度上提提而已，疑是五代十国滨海偏霸所属作品，也还少证据。但肯定不会是唐代中原画家手笔，则从大量出现轿子可知。

因为直到北宋，燕云十六州割去后，马匹显然已相当缺乏，全靠川蜀，茶马司锦坊织锦和茶叶等换取川西北山马备军用、官用。北宋官制定鞍镫制度时，还分二十（十八？）来种，最高级为“金银闹装鞍”，官价要二百多两银子才备办，即最小的县令，“铁制银衔镫鞍具”，也还得十二两银子。史志还提到县令许可用八到十二仆从，戴曲翅幞头（一称卷脚幞头），还得知内中有个仆从，照例专扛一张有靠背可折合的交椅，把它套在颈子上上路的。留下两个画面可以做证：一个在《清明上河图》中，在开封市人众往来中，有那么一位知县和仆从出城。另一个在天籁阁藏宋人画册中，有幅题作《春游晚归图》的，明明白白也是县官“走马上任”的情景，才独自骑马，而用上八到十二个随从抬抬扛扛前后相随，正和史志叙述相合。（无知收藏家或商人，随意题个“春游晚归”，有知的“专家”，也即省事原样展出，就只这个画册里至少就有三幅名称和内容不符合，还少有人提到！）

宋代官制品官出行必骑马，但妇女出行，特别是清明扫墓，坐“小轿”已成习惯。《东京梦华录》上就记载得极详细，还说清明出城扫墓，归来必在轿前插雪柳。《上河图》就反映得清清楚楚。这像还只是统治阶级中层使用的。开始还有更简便些，切合山行的式样，即传世郭熙名画《西湖柳艇》大轴画幅里所反映的当时西湖游客所乘“四川滑竿”式的工具。传世横卷中还有个颜晖绘的《钟馗出游图》也坐了那么个东西，印于波士顿藏中国名画中，或张大千辈伪作。（这个简便式样，直到我在双溪乡下默写这个小文时，住处附近的区医院，还经常可看到由较远山村来诊病的老人，由二亲人抬扛而来。）

宫廷中，似乎也还依旧使用装备较完美的轿子，最有代表性，最传世萧照所绘《中兴桢应图》卷中的反映，已开启后来明清两代轿子基本式样。

这就是《史记》所称“山行乘欙”由奴隶社会延长到封建社会

末期的历史发展。也反映长期封建社会阶级压迫的一个方面。历史本来是不断发展前进的，但经常也会在某一方面、某一地区、某种事物中，不仅会保留些封建制度残余，甚至于还反映奴隶社会制度人不当人的残余。所以尽管商代以来，制车工艺，即已达到相当高水平，唐代因为国家养马到了四十五万匹，一般妇女出行也骑马，而全国还设有驿站官邸，因公出京上京的，都可照当时等级制度得有使用相应马匹和住处权利。但是到了近六百年的明清两朝，反而做武将的，也有出门不会骑马，只坐到四人或八人抬的“官轿”里的事情！使明清政权的贪污腐败，极端无能，终于崩溃，被人革命打倒，这个当然不是主要的，但即就这一件小事说来，也可以明白“一叶落而知天下秋”的趋势、发展，是终于积累如此如彼的种种，促进了封建皇权的倾覆，在势是无可避免的。

附篮舆、板舆

或问：“晋南北朝史志记载可能还有个什么简便的玩意儿你忘了，试想想看！”

当然忘掉的还不少，一个人即绝顶聪敏，无一本书，无一个实物图，无一个形象图，这么过考，也怕难及格的。何况我这么一个公认为笨拙的人。严格地要求，是肯定不过硬的，那就得包涵包涵了。

三四十年前读《陶潜传》里，似曾提到过他上庐山应庐山高会时，由于山路高，年岁老，要子侄们用篮舆或板舆抬上山去。究竟应当是什么样子，似乎没见过。但到北宋李公麟绘了个《庐山会图》，记得却像个四方平板小筐筐，是子侄挑上去的，离地不及二尺，倒也方便省事。此外还有个署名《靖节轶事》的小画册，笔道细如明代尤求，也署名李公麟，好像也有那么两人有一个扁担各挑一头的办法，在行进中。稿似相当旧，但是那个篮舆似乎不会早于宋代，而且显明不像是从实用物画出的。

从一个马镫图案谈谈中国马具的发展及对于金铜漆镶嵌工艺的影响关系

这是一个唐代金银错的马镫复原图。图案组织在唐代应属于“鹊含瑞草”一格，常反映于唐代一般工艺品的装饰中。原物于一九三八年在南西伯利亚哈卡斯自治共和国境内发现，苏联专家叶甫鸠霍娃（吉谢列夫夫人）曾作文介绍于苏联《物质文化史研究所简报》第二十三期一册内。从马镫形式和图案处理看来，是唐代的标准式样，和我国西北各地发现的唐代文物，及中国科学院考古所近年来在西北武威发现的平脱马鞍、平脱饭碗，共同给我们一个重要的启示，就是唐代物质文化影响的广泛性，以及和西域各地区民族的相互密切关系。当时这种出自人民的精美工艺品，不仅丰富了中国物质文化的内容，也提高了中国边沿地区各个兄弟民族物质文化的享受，和许多重要发明一样，更影响到世界各国文化的发展。唐代文化一部分，实吸收了西域文化，并印度波斯文化，例如音乐就是一个好例。即妇女骑马，也显然是由于西北人民生活习惯影响中原。但是中原物质文化成就和生活习惯，却有更多方面影响到西域。这从近五十年来高昌、楼兰、交河城、武威、敦煌各地洞窟遗址和坟墓大量古文物的发现，及南疆石窟有纯粹中原式样的唐代建筑彩绘可知。世界许多国家，如印度、埃及、土耳其都发现过大量唐代越州系青瓷，有的直接生产于浙江，有的又产于福建广东，更可知祖国劳动人民所创造的物质文化，对于世界所做的伟大贡献和自古以来，东方诸文明古国的友谊长存。

金银平脱工艺,在唐代本属于国家官工业生产。照《唐六典》记载，国家官工业本源于汉少府监，到唐代更分门别类，组织庞大。少府监工人有一万九千八百五十人，将作监工人有一万五千人，还仅指经常宫廷消费和赏赐官僚宗亲物品生产而言。至于特别兴造，如龙门石窟，即另外设官使监督，征调人工常以十万计！工人学习掌握业务技术，各有不同年限。好些种一二年可学成，镶嵌刻镂必四年才满师。唐官工部分采用应差轮番制，从全国各处挑来的，多“技能工巧”，不得滥竽充数，到一定时期又可返籍就业，金银平脱技术，也因此在长安以外得普遍流传。在制作上，它的全盛时期，必在开元天宝之际。姚汝能著《安禄山事迹》卷上，即载有金银平脱器物许多种，例如——

银平脱破方八角花鸟药屏帐　金银平脱帐

金平脱五斗饭罂　银平脱五斗陶饭魁

装金平脱函　金平脱匣

银平脱胡平床子　金平脱酒海

金平脱杓（sháo）　金平脱大盏

金平脱大脑盘　金平脱装具

金平脱合子　金平脱铁面碗

照唐人笔记叙述，这些东西都是当时特别为安禄山而做的，和当时长安新造的房子一道，经玄宗嘱咐过，“彼胡人眼孔大，不必惜费”而完成的。这些器物虽然已经不存在，我们从近年出土现藏历史博物馆几面有代表性大镜子，及肃宗时流传日本，现在还保存得上好的几面金银平脱大花鸟镜子、七弦琴和天鸡壶及其他漆嵌螺甸乐器、家具等等实物，并近年长安一带唐墓中出土平脱贴银镜子、西北发现马鞍等物看来，还可知道它在工艺上所达到的高度艺术水平。“安史之乱”，中原重要生产和文化成就都遭受严重破坏。事平以后，肃宗即一再下令禁止，如《唐书·肃宗纪》，至德二年十二月戊午诏：“禁珠玉宝钿平脱，金泥刺绣。”但从禁令中却反映出，政府虽一时不会大量制造，各个地区还是能够制造。到各地生产稍稍恢复，藩镇军阀势力抬头时，这部门工艺，也自然和音乐歌舞相似，在各个地区，特别是南方各州郡，都逐渐得到发展的机会。《唐书·文宗纪》，即位就停贡“雕镂金筐，宝饰床榻”，可知还有这类器物继续在生产，在进贡。《唐书·齐映传》，贞元七年任职江西观察使，希复相位，闪刺史做六尺银瓶，映乃做八尺银瓶呈贡。王播太和元年五月，自淮南入觐，进大小银碗三千四百枚。到唐末五代时，西蜀、南唐、吴越、荆楚、岭南一些割据军阀，除大量制造金银器物、金银棱瓷器和精美丝绸锦绣，作为彼此间结好的礼物外，西蜀统治者甚至于用七宝镶嵌溺器。这种精美尿壶虽不可得见，王建墓中平脱宝函的制作制度，却还留给我们一个印象。岭南刘𬬮（shèn）则用珍珠络结马鞍。天宝时，杨氏姐妹好骑马，并竞选俊秀黄门做导从，马和马具都特别精美。世传《虢国夫人出行图》中骑乘和《唐人游骑图》，及五代赵岩绘一《游骑图》《杨妃上马图稿》等，犹可见骑乘鞍具规模。至于一般乘骑用的金银装鞍镫马具的制作，本于上行下效的风气，自然越来越普遍。这事情从稍后一时统一中国的北宋，把骑乘鞍具当成一种官品制度来加以限制处理，就可以明白。法令的限制，恰恰反映出滥用金银装鞍具，必在稍前一时唐末五代军阀各自称王作霸的时期。

又《唐六典·卷三》称，襄州贡物有“漆隐起库路真”，又有“乌漆碎石文漆器”。《文献通考》则改称“十盛花库路真二具”“五盛碎古文库路真二具”，学人多不明白意思何在。史传又有“襄州漆器天下仿效”名“襄样漆器”，值得仿效必有原因。但是“库路真”是什么意义？却难于索解。《南史·卷七十·侯景传》，其部从勇力兼人的名“库真部督”，库真似和武勇相关。东邻学人曾就“库路真”一名词做比较探讨，推测有“狩猎人”含义，以为它或和金银平脱螺甸做狩猎纹装饰，及犀毗漆制鞍具有关。解释似相当正确。因为鞍具在前桥上做狩猎纹装饰，有武威出土唐代马鞍可证！其实这种装饰图案，还源远流长，有可能从西汉以来就已经使用，反映到工艺各部门，一直延续发展下来的。“隐起”属于技术范围，必和同时代的金银带銙（kuǎ）“识文隐起”技术处理同式。照宋李诫《营造法式》雕琢篇说明，则为浅浮雕法，从明黄大成《髹饰录》解释，又近于浅“剔红”做法。瓷器花纹中和临汝青瓷的雕法相近。若这类材料值得引证，那“隐起”就正是通考说的“花库路真”！可证剔红法实出于唐代。至于“乌漆碎石文漆器”，显明和“斑犀”相近。一般说“剔红”和“犀毗”起于宋代的，由此却为我们提出了一点新线索，证明《因话录》一书中提起犀皮系唐代以来马鞍鞯涂漆磨成花纹，并非完全无因。这种做法并且可以由唐代再上溯到更早一些时期。不过通考明说“五盛”“十盛”，一盛是否指一具还是一层？若从唐代实用器物注意，唯两种东西相近：一即魏晋以来墓中常见的分格陶器（这种陶器本系仿漆器而做，近江苏已发现一实物，晋人称九子方槅[①]十二子方槅或即指此物。即元明之细点盒。清康熙改圆式，内多改成小瓷碟）。一即由筒状奁具演进的蔗段式套盒，因此“五盛十盛库路真”，如不是马鞍，或许指的正是平脱漆做狩猎纹装饰和犀毗漆做碎石纹的槅（gé）子食盒或分层套奁！唐代襄州漆器，至今虽然还少实物出土，唯从敦煌壁画供养人，和《张议潮出行图》侍从行列手中捧的器物看来，还可明白一点规模。或如首饰巾箱，亦即魏武《上杂物疏》中所说的严具，或如捧盒、拜帖匣子，或如

① 槅（lěi），古代一种盛食物的器具，像盘，中有隔档。

花式五撞七撞套奁（如上博元漆奁），胎榛[①]则包括有丝绸、竹、木、革、纸。如系泥金银彩绘，也必然和同时一般器物装饰图案相差不远。如系斑犀漆，则和唐釉陶中的“绞釉”“晕釉”“三彩斑纹釉”，及丝绸中的各种染缬花纹发生联系。这也就是说，从同时期工艺生产花纹上注意，我们还有希望明白理解一些过去不易理解的问题。漆器值得全国仿效，又必然还有发展，宋代器物中也还留下许多和犀毗漆接近的几种瓷器花纹，例如临汝青瓷，永和镇紫褐地黄花，或铁锈黄地黑花瓷，建阳窑“鳖甲”“玳瑁”“银星”诸斑茶盏，可供参考。这些深色釉有花陶瓷，和当时的漆器及纺织物印染图案，必然都有密切联系。正如同漆器中的“刷丝”一格，本源于宋代歙州[②]“刷丝砚”而起，宋代刷丝漆已不易得，我们从歙砚谱几十种刷丝砚材说明中，依然还可以明白《髹饰录》中提起的“罗纹刷丝”“绮纹刷丝”种种不同刷丝漆的色泽和基本纹样。故宫清初漆器还有此一格，有人亦以为犀皮，其实应为“刷丝”，多色的则应当叫作“绮纹刷丝”。

唐代的马具装饰纹样和使用材料，既不会是孤立忽然产生，实上有所承，下还有发展，我们值得从中国车马应用的历史，看一看装具上的历史发展，对于新的文史研究，应当还有一点用处。

服牛乘马，照史传叙述，中国人在史前就已发明。不过从出土

① 榛（sù），器物未加装饰。

② 歙（shè），地名，今安徽省黄山市歙县，是徽墨、歙砚的主要产地。

实物考察，马具的装备，最先是为驾车而做的。安阳出土甲骨文字，关于马具的名目，虽不怎么多，但出土青铜马具实物，却相当完备。马络头已用许多青铜圆泡密密固定在皮条上，马颈项已悬有小小青铜串铃。虽还未使用衔口铜嚼环，嘴边排沫用青铜镳饰，也有了各种不同式样。控制轮轴的青铜軎[①]、辖、辖、軔，控制马匹行止的辔靷[②]、游环，及人字形车軛，除调节马车行走步骤节奏的銮铃素朴无华，大都印铸有殷商时代流行的精美花纹。马具且有镶嵌孔雀绿石的。算算时间，至少已在三千一百年前！

又因科学考古的工作日益谨慎周密，比较材料也日益丰富，我们还得以逐渐明白了这些器物的位置和作用，可把它和《考工记》叙车制，古诗文中形容驾御车马的“两骖如舞”“六辔沃若”文字相互印证。自汉代以来，历史学者从文字注疏中钻研始终难于索解的，出土实物已为我们提出丰富材料，帮助说明。

战国时人批评统治者的奢侈时，常说用“珠玉饰狗马”。其实这种风气早从商代就已开始。根据安阳发掘报告，当时殉葬小狗，就有用精美青铜和美玉什件装饰头脸的。并且古代狗的品种，也有了比较具体的知识。例如春秋时赵盾故事中所提起的“君之獒不如臣之獒”的短嘴大狗，和秦代李斯和他儿子出猎所牵的“细腰黄犬”，

---

① 軎（wèi），古代车上的零件，青铜制，形如圆筒，套在车轴两端。軎上有孔，用来放入扁长的插销（辖），以起到固定车轴的作用。亦作“轊”。

② 靷（yǐn），一种革带，一端套在车上，另一端套在牲口胸前，以引车前进。

都已经从出土汉代明器中得到证实。从统计字数上考察，还可知道全国汉墓葬狗形象，大部分属于竖耳卷尾狗。可知这是汉代一种普通狗种。至于供狩猎用的细腰黄犬，唯辉县汉墓发现过一群，此外即山东嘉祥刻石、洛阳空心砖上反映较多。

西周以来，随同封建社会政治组织，车马服章无不有一定制度。车饰什件用铜，木制轮、舆、辕、衡必涂漆绘朱，车盖用帛，并各随爵位等级大小高卑不同。虽然至今还少见完整成分实物发现，但考古所在河南浚（xùn）县发掘得到的材料，和其他比较材料，已经可帮助我们证明这个时代车乘装饰的特征。西周青铜器中的大卷云纹和鱼鳞纹，就在车器上得到同样反映。车上绘饰，也可从青铜器和漆陶杂器物纹饰，体会出一些基本规律。这阶段社会分散成好几百诸侯封地小单位，各自占有一套工奴，一片封地，近于在自给自足情形中，延续了一个相当长的时期，生产发展比较迟缓。从青铜器花纹的少变化和金属货币的数量稀少，也同样可以看出问题。

春秋战国时期，在若干诸侯领域中，由于铁的发现，生产工具有了基本改变，生产上有了进一步发展。生产品增多后，交换需要也增多了。周王朝政权日益衰弱，在诸侯竞争霸权掠夺资源大小兼并过程时，技术工人一再集中，社会享乐要求也增多了，对于交通和战事所不可少的车马具和兵器的改进，都显明起着极大影响。诸侯会盟，就常在车马衣服器仗上比赛。齐国新兴商业都市临淄，市民阶级平时还以两车相撞“击毂”为乐。诸侯好马，则“食上大夫之禄”。相马有专书，制车有专工，“千金买马骨”更成历史有名故事。

车马具的种类和式样，显然都因之丰富和提高。在这时期古墓出土物中，除各式青铜镳[①]及车轴外，还新发现了青铜马嚼环和羊角形镂刻彩绘的骨镳，及种种形式不同花纹美丽的青铜当颅和其他车饰。如河南信阳墓中发现套在辔引上的薄银管。更出现了青铜金银加工的马具。主要还是驾车马身和车身的各种附件。诗文中提起的“约軝[②]错衡”“金錽（wàn）镂锡”，无一不有制作精美的实物出土，可以和文献相互印证。战车的装备，也从出土实物和其他青铜器上刻镂车子、陶俑车子，发现了好些不同式样。至于这种加金细工技术上的发展，如联系其他器物装饰图案比较，以个人私见，有可能是由于长江流域的生产发展，由吴越金工促进的。因为银子单独的提炼，和中国南方的丰富原料发现必有关系。兵器的制作，吴越工曾著名一时。近世出土特别精美的青铜镶嵌金银戈剑，就常有吴工造作文字。又从图案花纹分析，凡属金银加工车马具，也显明和南方的荆楚漆工艺活泼流利的装饰纹样比较接近，却和同时在淮河以北黄渭流域及燕晋各地流行，用密集式半浮雕，或透雕蟠虬蟠螭为主纹的青铜器装饰有相当距离。金银加工技术出于南方，这种说法虽还缺少具体证实，我们至少可以那么提出，就是这种新兴的镶嵌艺术，正和同时新起的青铜镜子一样，技术上的提高，和花纹图案的多样化，南方吴越荆楚金工有特别贡献。它的图案组织比较接近于

① 镳（biāo），本义马嚼子，指马口中所衔铁具露出嘴外的部分。
② 軝（qí），古代车毂两端有红色皮革装饰的部分。

当时的绘画和刺绣，却和传统的青铜雕刻作风不大相同。（虽然一般青铜车马具的花纹，基本上还是商周以来铜器纹样！）

这种金银加工青铜车马器，近三十年来出土实物具代表性的，除过去洛阳金村发现一部分，及其他出土地不明白，现藏故宫博物院和历史博物馆的器物以外，应数中国科学院考古所数年前在河南辉县的发掘品特别重要。其中如辕首部分的龙头和其他管状、片状大小附件，用金银线、片、点镶嵌而成的涡云龙凤纹图案，组织上融合秀美与壮丽而为一的艺术作风，充分表现出这部门工艺的高度成就。花纹奔放而自由，更反映在这个历史阶段上，造形艺术各部门，从传统形式束缚求解放的精神。艺术中最先得到解放的是彩绘。彩绘漆和金银错工艺本属于同一系列，因此反映得也格外明白清楚。

中国人骑马始于晚周，最先从赵武灵王试用于对抵抗游牧民族内侵的军事上。但在中原和长城边沿地带，至今还未闻有战国时骑乘用青铜马鞍镫发现。照《盐铁论》和《急就章》叙述，早期骑乘马具，多用青铜和皮革做成，金银装高桥鞍和绣锦障泥掩汗，似到汉代中期才使用。金属马镫的发明，也不可能早于加金鞍具。现存一个战国晚期错金铜镜子，上面有个刺虎骑士形象，就像是有鞍鞁[①]而无马镫。汉初古墓出土物中，也未闻有金属马镫出土。镜子上骑士虽有鞍韀，汉石刻中更有许多骑从，鞍韀形制分明，殉葬明器中又有种种铜、陶、玉、木、马匹出土，去年长安并且出了一个三四

① 鞍鞁（bèi），鞁同“韀”，指马鞍和车马上的饰物。

寸大的青铜骑士，不过除四川汉墓出土那一个残陶马鞍，我们对于汉代马鞍实际知识还是不多。至于马镫有无，却可从四方面推测得出，至晚在西汉中叶已经应用。一从洛阳出土一般大型空心花砖上骑士形象，其次是一般汉代釉陶奁壶狩猎图案，其三是辽阳汉墓彩画骑从，其四是四川汉墓方砖上浮雕骑从。这些骑士的驰骤形象，多两脚向上挟举，必足部有所踏蹬，才能够做成这种姿势。若从那面错金镜子注意，骑士虽系跪于马背，表示十分紧张，障泥前那个环状带穗东西，比例上虽小了些，却有可能就是最早踏镫式样。骑马习惯虽从西域传来，御马附件却为中原人民的发明。较早马镫或者只是一个皮圈套，属于鞍鞯一部分，正和鞍鞯一样，实用必重于装饰。照汉代社会习惯，爵位品级稍高必坐车，只有随从才骑马，即用鞍镫，也不会如何特别讲究。

《盐铁论》说：“古者庶人贱骑，绳控革鞮皮鞯而已。今富者鞯耳银镊躐，黄金琅勒，罽绣[1]弇汗。”马鞍镫具使用金银加工，表现美术的要求，必然是汉代文景以后，社会生产发展到一定程度时，才会出现。从政治上分析，到武帝刘彻时代，或者才会更进一步加以制度化。特别是花纹图案的定型化。原因之一是由于封禅郊天，配合政治需要，特别重视仪仗排场，散骑侍从的鞍具，才可能有一定纹样的金银装裹。原因之二是王公贵族游猎，把骑马在薮[2]泽中驰

---

① 罽（jì），用毛做成的毡子类的东西；罽绣指绣花毛毡。

② 薮（sǒu），生长着很多草的湖泊。

骤，追逐飞禽走兽，当成社会上层重要娱乐风气时，实用以外还要好看，鞍镫才会受特别重视。原因之三是在西北和其他区域军事进行中，“楼烦将”和“越骑都尉”一类人的乘骑，也容许把鞍具做得更漂亮一些。工艺上各部门生产品质的提高，主要都是和社会生产发展相适应，同时又必然和社会背景有一定联系，鞍具的进步也不能例外。

《西京杂记》有关于精美鞍具的种种描写，认为是武帝时创始，长安仿效。这部书的时代虽可怀疑，提出的问题却和大宛天马南来及社会生产发展情形一致。金银装鞍具，必木漆制作的“高桥鞍”才相宜，制作材料的改变，也必然由于这个时代的应用而起始。乐府诗起于西汉，盛行于东汉，就常有金银鞍具的形容。而且越来越讲究。《三辅决录》记梁冀曾用一“镂衢鞍”讹诈平陵富人公孙奋钱五千万。如不是实物十分精美，是无从用它借口的。

汉代青铜工艺加工技术约计三种：即金银错、鎏金和细纹刻镂。二三两种又常似同而不尽同。鎏金有素的，有加嵌杂宝石的，有加细云纹刻镂的。本来多系仿金器而做。一般青铜细纹刻镂的可不一定鎏金。诗歌中提起的金银鞍，加工部分虽仅乐浪汉墓一些镂空银片实物可证，我们却可以推测，如不是用“金银釦（kòu）参带”法，把带式金银片包裹在木漆制的高桥鞍上，就应当是用“金银平脱”法，把镂空金银片镶嵌在高桥鞍上。前一种还可能加有朱绿彩绘。后一种即用金银片镂花。汉代西蜀广汉武都工官做的漆器，全国著名，特种鞍具生产，除长安少府工官，这些地区也可能有一定生产，因为同是产马地区。如用金铜马镫，总不外前述三种青铜技术加工处理。至于鞍镫的花纹，如和社会信仰联系，必作羽人云车种种形象，如阳高古城堡汉墓出土的金银错器表现。如和社会生活联系，必作骑士山中射猎，虎豹熊罴、鸿雁雀兔骇跃腾骧形象，如朝鲜大同江边汉墓中发现的金银错器表现。又或者如一般釉陶博山炉花纹，把人间现实游乐，和神仙不死愿望，结合而成一体，加以艺术处理的。一个时代有一个时代的装饰风格，反映于各种器物上，在陶、漆、大型空心砖制作上，都可见到游猎的图案，我们说同时期的鞍具使用这种花纹，和实际情形相差应当不会太远。这种狩猎纹装饰图案的本来，还可说有可能实起源于鞍具。因为在鞍具上反映畋猎之乐，是比在其他器物上更合主题要求的。这种金银加工鞍具，东汉末曹操父子遗文中均提起过。曹植有《进银鞍表》，又有《玛瑙勒赋》。又战国以来，已经发现过在铁制器物上做金银加工艺术，到东汉还继续，曹操《上杂物疏》曾提起过好几十面金银花纹铁镜，可以和近年出土错金铁镜实物相互印证。东汉晚期镜钮多加大，即近于由铁镜影响。有铁镜即可能有铁皮马鞍。如陇上歌咏陈安事，“铁锻鞍”必非自晋创始。金银装鞍具至今少出土实物，试推测原因，当由于东汉以来，一般殉葬日用器物虽还用实物，其他却多用陶瓦明器，车乘则通用小模型。附属骑从马俑也极少见。

魏晋以来，统治阶级除战争和狩猎用马，一般代步多用牛车或步辇（即榻式肩舆）。牛车则如《颜氏家训》所形容的式样，名长檐车，出土物有不少反映，石刻也有。步辇也有三式，《女史箴图》上一个具代表性。鞍具在应用上得到更进一步发展，逐渐成为社会上比较多数人使用，实在西晋末羌胡民族内侵期间。由于战争需要，鞍具改良，铜铁质马镫大量出现，也必然是在这个期间中。羌胡骑马民族的内侵，历史进入五胡十六国阶段，黄河流域生产和物质文化，大部分都遭受严重破坏。但由于实际需要，漆工艺还是得继续保存下来。在历史文献上常提起两部分器物，和金银加工及漆工艺就关系密切，一是兵器甲仗，二是乐器，都有做得特别讲究的。如“金银装鞍镫辔勒”“金银锁子甲”“金银铠”和“明光漆铠”“金银画饰矛稍（shuò）弩弓”。《世说》称谢玄“在寿春败，临奔走，犹求玉贴镫”。可知最讲究还有用玉做的。《北史·张大渊传》称“得赐绿沉漆铠，兽文具装”。刘义恭[①]启事称“金梁鞍制作精巧”。《南齐书》记庐陵王子卿“作银鞍还用纯银作镫”。何承天[②]有“银装筝”，褚渊[③]有“金镂银柱琵琶”。大件器物则数鱼宏[④]家“银镂金花眠床”。色漆中新起的有“绿沉漆”，汉末已出现。曹操用绿漆奁具花纹华美。流行于南方，刘桢元嘉[⑤]中劾广州刺史韦朗，就提起他在任内做“绿沉银泥屏风”。梁简文帝又有镂银、雕花、卷足、绿漆书案。《邺中记》记石虎[⑥]时情形，除本人经常一身金光熠耀，还有上千侍从女骑

① 刘义恭，南朝宋宗室，宰相，宋武帝刘裕第五子。

② 何承天，南朝宋著名的思想家、天文学家和音乐家。

③ 褚渊，南朝宋、齐宰相。

④ 即鱼弘，南朝梁著名大臣，著名将领。

⑤ 元嘉（424—453 年），南朝宋文帝刘义隆的年号。

⑥ 石虎，谥号武帝，十六国时期后赵君主。

兵，也同样满身金彩。又工人做“彩漆游盘，金银参带，茱萸纹细如破发，上置百二十酒盏”，还可以自由转动。又做“五明莫难扇”，捶黄金极薄嵌入，上画仙人鸟兽。又有种种彩漆，或木兰色，或郁金色，或绿沉色。得知东晋北方彩漆工艺还有极高水平。不过就社会情形说来，主要生产还是军事上用的种种器甲鞍具。至于一般人民生活上应用漆器、金银彩画是被严格禁止的。晋令：“欲作漆器卖者，各先移主吏者名，乃得作。皆当淳漆布骨，器成，以朱题年月姓名。”《晋阳秋》记萧谭因为人私制“银画漆粉碗”而被杀。《南齐书·高祖纪》，也有“禁用金银文画饰漆器”记载。但照《东宫旧事》《南齐书·舆服志》记载说来，却可明白当时对百姓即严禁，宫廷中实有种种金银装彩绘漆器，如《东宫旧事》即载有漆四升杯子四十，尺盘三十，漆注八盒，匕五十，碗子一百，画银带唾壶，书台，三十五子方樏二，沓盖二，马凿书簏[①]，金彩装花簏，又漆注绮织簇二十枚。漆要扇……车具舆辇更做得异常精美。这种禁令还一直影响到唐宋民间漆器的制作制度。《唐六典》称“民间作器物，必著明作者姓名年月方许出售”。历史博物馆发掘河北钜鹿（巨鹿）遗址时，得到一件北宋素漆盘，还用朱漆记载当时价钱。杭州新出土一份南宋临安府窦家造的素漆器，上面也有造作店铺和年月，刻在漆器边沿上。可见直到宋代，民间漆器都还遵守这种古老制度。

---

① 簏（lù），竹篾编的盛物器，形状不一。

彩绘漆和金银装鞍具，历史文献和诗歌中既常道及。又《干宝晋纪》并称："泰始以来，中国相尚胡床貊盘[1]，及为羌煮貊炙[2]。贵人富家，必有其器，吉享嘉会，皆以为先。"胡床是"交椅"，相传因汉灵帝喜好而流行。晋代才相习成风气，使用日多。直到宋代，上至帝王，下及官吏，出行时还特别用一仆从肩扛自用交椅。军营帐幕中的虎皮金交椅，则直沿袭用到明清。由胡床的应用，中国人方改变了古代的坐法，逐渐养成两脚下垂的习惯，到晚唐，由方榻和直几、曲几相结合，才产生男子用的"直背靠椅"和"圜曲圈椅"。又由另外一种妇女薰香使用的竹制金银画漆衣薰笼，才发展成唐宋妇女坐的"半圜矮圈椅"和"鼓式绣墩"及"月牙杌子"，对于中国人生活起居方式，引起完全的变化。"貊盘"则和中国人饮食习惯发生联系。"羌煮貊炙"在当时社会虽流行，吃的究竟是些什么东西？我们知识可并不多。"羌煮"可能和束皙《饼赋》吴均《饼说》提及的"馄饨""饆饠""水引饼""汤饼""牢丸"面食有关。是中原人民生活采用面食为主食的发轫。"貊炙"也是一种不同传统的菜食。照刘熙《释名》解释，以为是"全体炙之，各自以刀割"，已近于后世烧烤。"胡床"虽已知道是交椅，哪一种交椅更近于早期交椅式样？"貊盘"和普通盘子，形式上又有什么不同？试从这个阶段出

---

① 貊（mò）盘，古代东北少数民族装食物的盛器。

② "羌煮"，指古代西北游牧民族羌人的涮羊肉；"貊炙"，指古代东胡人流传下来的烤全羊。

土文物，及反映到壁上和纸绢上画迹考查，似乎还有一点线索可寻。绘画中极重要的，是传世《北齐校书图》。这个画卷照《画录》记载，有作顾恺之《文会图》，或《勘书图》，有作唐阎立本《北齐校书图》，又有截取中间部分，加上树木背景，题作五代丘文播《文会图》的。现存传世卷子可能晚到宋代，本来画稿必传自北朝，因为主要衣着器具都是北朝制度，不能早也不会晚，唯马形已近唐代或更晚式样，和北齐马式不大合。画中一胡床，却可代表早期的胡床，形象极具体。卷中主要部分大榻群像中，除琴砚外，还有个豆式高脚承盘，或可当貊盘称呼。实物则应数河北景县北朝封氏墓出土一个豆黄浅绿二色混合釉同式高脚盘可以比证。这种式样的器物，汉墓中犹未发现，它的高度又恰好适合游牧民族帐幕中使用。同式承盘到隋唐还得到不断发展，有印花，有刻花，不作三彩花纹，就作刻画串枝宝相，前者和漆中的“斑犀”漆极相近，后者近于金银器及印染丝绸花纹。如“貊盘”兼指花纹的斑点而言，就应当是“犀毗漆”的前身,是由此发展而成襄州“碎石纹漆器”的。又《东宫旧事》载“漆貊炙大函一具”，可知貊炙中还有方形器。函必有盖。我们试从同时方形器加以注意，同属晋南北朝时期，南方绍兴出土缥青瓷中，曾出现过一种长方形有盖分槅器物，槅数多不相等，北方也出过这种瓦器，基本上都近于从竹篾编织出或卷木做胎而成的漆器。如果“貊炙”不尽如刘熙《释名》所说，却兼对南方近海民族通称，原物本来或者还是绿沉漆做成的！这种食器多分成九槅或十二槅，近于晋人常提及的“九子十二子方樏”。貊炙必加盐蒜，晋人记载中常道及。

也可能还包括许多不同品种的蜜饯煎炙杂食，做法则来自岭南或山越方面。

“胡床”“貊炙”我们只是在这里附带提出，具体说明还有待专家专文商讨。这里主要是说涉及金银加工镶嵌及有色漆工艺，在晋南北朝以来,它的发展和这些事事物物都分不开。这种镶嵌刻镂工艺，从政治风气说，隋代初期不会得到如何特别发展的机会，从社会生产说，却又必然在一定期间后，续有发展。例如装饰纹样，仅从敦煌洞窟壁画藻井、天盖、佛背光布置而言，也反映出这种纹样上的华丽和细致特征。新近河北曲阳、四川绵阳及山西刻石群像的出土，更可证明在这个历史阶段中，时间虽不过二三十年，艺术上的成就和装饰上的特征，十分鲜明，唐代初期工艺上的成就，大都是从这个固有基础上继续发展的！

唐代重干漆造像，因迎神赛会，便于各地转移。干漆造像法，就是汉代“夹纻”法和元代的“传换脱活”法的结合。谈漆工艺史的，多以为传自南方，因东晋雕刻家戴逵就擅长这一道，曾做过夹纻佛菩萨。齐梁均有做夹纻佛菩萨记载。其实如就技术说，战国楚墓中就已发现“布骨”羽觞、饭盘、奁具等等器物。汉代更通行金银釦参带式漆器，就是为增加夹纻漆器坚固而发展的。朝鲜出土汉漆器有好些就是夹纻器。怀安洛阳长沙都有出土,不过转用到佛像造作上，从晋代起始。北朝和南方一样，夹纻法必广泛用于当时佛像塑造上。杨衒（xuàn）之作《洛阳伽蓝记》称宗圣寺像高三丈八尺,节日出游，倾城仕女往看，照情形而言，像高三丈八，是只有用夹纻法做成的涂金布彩漆像，才便于抬出行香的。又遇佛生日，有集中洛阳城中一千多庙宇佛像到三千躯，其中一部分，也应当是夹纻漆做的。这些雕塑虽已无一存在，从新发现麦积山部分塑像和河北曲阳、四川绵阳各地出土的同时期雕塑看来，精美程度必然是和《伽蓝记》叙述情形相差不远的。

唐代贞观初期，政治上相尚俭朴，不重华侈淫巧。但工艺依然继续相对保存。张彦远《法书要录》，记萧翼[①]帮太宗设计，从辨才和尚赚得兰亭真迹后，即得赐金银镂花瓶各一。到武则天以女主专政时期，社会生产一回复，风气更日趋变化。官宦贵戚子弟，上承陈隋华靡享乐习惯，无不在车马园池歌姬舞女衣服装饰上用心，竞富斗美。宫廷重要兴建和宗教迷信铺张处，更加惊人。史传称太平、安乐公主，及诸宠臣亲贵园池第宅华美处，多和天宫景象相近。薛怀义[②]命工造一夹纻佛像，一手指即能容数十人。龙门奉先寺石窟雕凿，动用人工数万，并设一专使督工，现存二天王像还高达数丈。这一面反映社会生产的发展，一面也反映人民在工艺上的伟大成就。

唐代国家牧养官马，由四十万匹到七十万六千匹。并于全国重要交通大路上，每三十里设驿站一处，共设一千六百三十九处水陆驿站，陆站经常都备有一定数量的公用马匹。私人行旅，男女多用马代步。唐人喜郊外游山玩水，男女都能骑马，因之鞍具自然也日

---

① 萧翼，江南大姓萧家出身，梁元帝曾孙，贞观年间曾任谏议大夫、监察御史。

② 薛怀义，本姓冯，因引荐入侍武则天得宠，被封为梁国公，后因骄纵被杀。

益华美，当成一种炫耀手段。装饰品和实用器物各部门，金银加工的艺术和漆工艺结合，因之才在开元、天宝之际，出现有时代特征的金银平脱，成为国家官工业之一种。这种工艺技术上的基础，我们说它是由于南北朝金银闹装鞍具的制作，乐器中的琴筝琵琶，用器中的奁盒、薰笼、书案等等生产，而得到巩固和提高，才产生唐代精美无匹的金银平脱漆，比较符合历史本来。这种工艺到宋代还将继续影响马具制作。

中国写生花鸟画和水墨山水画的发展，在绢素纸张上得到一个确定的特殊重要地位，影响中国绘画史约一千年。这种成就过去人多孤立地认为是五代宋初三五名家高手的成就。这是把绘画和其他方面生产分别开来的一种解释，不够正确的。其实从原料和社会要求两方面看来，花鸟山水画的发展，主要还是当时生产发展所促成。黄筌父子、徐熙祖孙和荆关董巨等人的成就，是由于隋唐以来，工艺方面先有个花鸟装饰图案的底子，有百千种不同优秀成就，反映于当时的各种日用工艺品上，为人民所熟习，所喜见乐闻。对于山水园林的爱好，又从晋六朝以来，即反映于诗文中，早成一个单独部门。到唐代男女郊游看山玩水已习成风气。各州郡生产的颜料，品质又日益提高。特别重要还是唐末五代以来，江南造纸制墨的手工业，不仅品质有了极大改进，产量也普遍提高。西蜀和江南，更因社会比较安定，生产发展，宗教迷信日益薄弱，寺庙中自然也就无从吸收更多艺术家从事于以宗教为主题的人物画。社会现实的要求，对艺术家课以一种新的任务，“接近自然，反映现实”！因此这些花鸟山水画家，才能够在那个历史阶段中，艺术创造得到进一步的成功！

写生花鸟在工艺上的普遍反映，实成熟于唐代。这个时期，丝绸、瓷器、彩绘、木刻、金铜镶嵌，无不有制作得栩栩如生的作品。特别是青铜加工镜子和平脱镶嵌，花鸟格外精美。丝绸绵缎和乐器、家具装饰图案，都有在小簇花鸟和山水画背景中，做狩猎纹形象。唐人诗文中经常形容过的"金银鞍""宝马雕鞍"的鞍具制作，即无科学院在武威唐墓发现的平脱马鞍出土，我们也可推测得出，这时装饰花纹，必和同时一般镶嵌工艺花纹十分相近！

至于马镫的式样和品质，我们目下得到的实物，虽无花纹，但去年长安底张湾出土的大型陶马，曾配有一对鎏金马镫，故宫博物院陶瓷馆陈列一个唐三彩大型陶马，也配有相同鎏金马镫。由此可知，这时代马镫比较精美的，或用金银做成，鎏金却是常见格式。至于马镫的形式，从实物和雕塑、绘画做比较研究，我们对于它的特征，因此也逐渐明确，知道至少有三种基本式样：一、如昭陵六骏，踏脚部分多作长条形，整体却比较扁圆。二、如传世实物，和《虢国夫人出行图》《唐人游骑图》，虽同样是条子式，上部把柄较长，整体也较高些。三、如《张议潮出行图》侍从骑士所见，踏脚部分多作圆盘式，已近于宋明以来铁作马镫样子。五代以来，铁作器物已日益普遍，大如佛塔，小如钱币，都有用铁做的。马具中的踏镫，更宜于用铁制。这种马镫或在晚唐即已流行。《张议潮出行图》的骑从，用的大致就是铁镫！

到宋代，政治上因赵匡胤弟兄统一了五代以来军阀割据的局面，社会生产还在继续发展中。由于政治上的新中央集权，兼并了各个偏霸时，虽得到土地和物资，同时也接收了许多官僚，因此官僚组织特别庞大。五代以来，地方各自为政，衣服无制度，金银闹装鞍具的滥用，必须加以整理，才重新加以等第，和官位品级发生联系。必然因为是竞奢斗巧，不合制度，才禁止逾越制度。但是，求合新的制度，另一面也就更发展了这部门生产中的官私手工业。宋王栐（yǒng）著《燕翼诒谋录》称：

> 鞍具之别，亦始于太宗，太平兴国七年正月，诏“常参官银装丝绦，六品以下，不得闹装。仍不得用刺绣金皮饰韀。未仕者乌漆素鞍”。则是一命以上，皆可以银装鞍也。

《宋会要稿》曾把天禧二年各种鞍辔官价列出，共计约三十种不同式样。最贵者为“金镀银闹装”，值二百二十三两。最贱的为“微窊（wā）”和“白成银铰具”，各值十二两。一般高级官僚用“金镀银铰具”分三等，计一百两、八十两及七十两。“漏尘宝相花”八十一两。此外还有“麻叶”、“宝相花”、“洛州花”（或指牡丹）、“陷墨花风子金解络促结”、“频伽三镮”、“孩儿三镮（huán）”、“鹿儿三镮”、“鹦鹉三镮”、“白成银陷墨银花瑞草”、“龟鹤”、“麒麟”、“蛮云子”等等名目，价值都不相同。这必然是把五代以来各个地区流行的图样所做的一种新的安排。从《宋史》卷一百五十记载，我们还得知道这些鞍具除货币价值以外，和官制品级的密切关系。例如赐宰相、亲王、枢密使，必金涂银闹装牡丹花铰具，值八十两，配有紫罗绣宝相花雉子方鞯、油画鞍、白银衔镫。赐使相枢密副使、参知政事、宣徽使、节度使等等，金涂银闹装太平花铰具，值七十两，配有紫罗绣瑞草方鞯、油画鞍、陷银衔镫。……皇亲分六等，宗相女婿分二等。赐契丹使值七十两，副使值五十两。因社会情形不同，政令也时有更改。景祐三年则五品以下不许用闹装银鞍。政和三年，诸王又特赐金花鞍鞯。宋代宗室功臣都是世袭恩荫制，每遇国家有大事，如与契丹订约，郊天，帝王大婚，还另外赠赐一大批官爵，在朝在野大小官僚达四万余名员。六品以上都可用闹装银鞍，起码小官也可用银花鞍，可知鞍具制造，官私生产量必然都不小。《会要》虽提起过许多种不同花纹，这方面实物知识，我们是不多的。只能从部分绘画，和《营造法式》雕琢与彩绘部门，及反映于其他陶瓷铜铁杂器等花纹联系，得到一种近似的印象，知道部分必从唐代传来，部分新起，事实上认识还不够具体。又宋代虽一再禁令人民仿效契丹服装和骑乘制度，但是在聘问往还中，却照例要赠送契丹及西夏来使闹装鞍具，因此在辽墓或西夏古墓中，如发现有纯中原风格的精美鞍具，是不稀奇的。（热河辽驸马墓出土闹装银鞍具，即近于宋制。）特别是在西北方面，元昊部属骑士用银装鞍，还极普遍。它们和中原马具的区别，我们还少知识。

唯北宋以来，一般器物中用铁已成风气，马具中的踏镫，凡说“银衔镫”的，有时另一记载又说是“陷银马镫”，可知是铁嵌银，正和其他器用制度相合。花纹多用“毬（qiú）路”“连钱”“万字流水”作锦地纹，或另留出开光部分，再在上面嵌刻动植物花纹。由于铜韧而铁脆，材料性能不同，马镫式样因之条子式渐少，圆盘式日多，是必然的发展。宋代马的应用范围虽还广泛，至于和其他生产比较，关于马鞍具的制作，却显明可以看出算不得是生产重点，随同社会生产发展中，人民的创造力，已转移到造纸、造墨、刻书、烧瓷器、制茶、炼矾，从胆矾水中取铜，织锦、染缬、做剔红漆器等等，和其他许多方面去了。宋代妇女已少骑马习惯，这是和唐代大不相同的。

唯宋代金银细工漆工，和唐代比较，技术依然还在发展中。宋代特种金属矿的开采，是历史上极兴盛时期。海外贸易送出去的多是丝绸、瓷漆器。进口物除香药外，也吸收了许多金银。金银器和金银胎漆器的使用，数量范围远比唐代更多更广。当时不仅宫中有大量金银器和金银胎精美雕红漆器，并且部分瓷器也用金银包口。民间还保留大分量金银做种种使用。北宋虽也想继续用神道设教愚弄人民，并减轻外来压力，在开封就很修建了几处大庙宇，以为可吸收人民的信仰，增加统治上的威信。如用六年时间修建玉清昭应宫，集天下名画师用分朋比赛法日夜赶工，共完成一千三百多间的房子装饰画。文人官僚也欢喜阿谀附会，做了许多谈鬼志异的笔记小说。可是人民却日趋实际，已不如六朝隋唐对于鬼神的热烈迷信。北宋虽一再禁令人民不许滥用金银，并提起十八九种在服饰上用金的名称，但《东京梦华录》记开封有七十二店，日夜贩卖酒食，其中二十座大酒楼，都能容纳上千主顾，一般多用金银酒食器。一座樊楼即有过万件酒食器。一二人看座吃喝点什么，上桌的金银酒食器皿，也重过二百两。小酒摊子还用银碗银杓上酒。汴梁失陷，金人把公私金银数千万两都搜刮而去。到南宋建立临安行都时，《梦粱录》叙市容极详细，借此得知烧去不多几年的临安，就已恢复了往日繁荣，各种商业都分门别类，金珠彩帛交易，还是动辄千万。漆器类则分行出售，“金漆行”外还有“犀皮行”，可知生产量之大和生产上的明确分工。

宋代除剔红漆器代表特种生产，比一般描金漆、彩绘漆及各式不同犀毗，在技术上的进步，是生产越加普遍。例如犀皮漆就有许多种。“斑犀”“剔犀”“滑地福儿犀”，都成熟于这个时代。就中唯螺甸平脱不及唐。又当时军事上用漆也极多，做器仗常过百万件，铁片甲和矟矛类一般都得上漆。做箭达千万支，箭杆也有部分得涂漆！契丹辽和西夏都是骑马民族，特别喜好畋猎，契丹骑兵五十万，鞍具当时即著名精美。唯不过在工艺上的特征，我们却少具体知识。契丹多用唐制，马具也近于唐代制度。唯必然有些不同处，宋政府才用法令禁止。如近年热河辽驸马墓出土鞍具，则似属于宋之闹装鞍具，金铃累累，起于北朝诞马，于北朝俑中犹有反映。传世李公麟绘《免胄图》，即唐郭子仪单骑见回鹘故事。骑兵装备有研究价值。因马甲为羌胡民族所惯用，北朝以来骑俑即常着甲，骑士则穿实裲裆衫，当颅部分作华饰，向上翘举如金冠。这种马饰在古匈奴族墓葬中就早有发现，应即古所谓“金鍐”。蔡邕《独断》记载：“金鍐，高广各四寸，在马鬣前。”这种用镂金铜加其他装饰马首之物，宋唯卤簿引驾马有之，《宋史》卷百五十有“铜面插羽”形容，这画上的马头还相近。这类装饰既不会是画家凭空而作，但在万千种历代墓俑和石刻壁画车马形象上均少见到，它的来源，还需要进一步探讨。西北洞窟壁画，又从未发现过这种马头装饰，或者来自中国偏东北部游牧民族，也未可知。

宋代马具虽有种种不同制作，以名目种类而言，并且比历史上任何时代都多些，唯宋代肩舆已经流行，通称“担子”，先还只是宗室老臣上朝可用，稍后即越加普遍。特别是中层以上妇女出行，唐代骑马风气已完全结束，即出城游观扫墓，能坐轿的也必用轿。到南宋，因东征西伐，道路险阻，带兵大官既多文臣出身，百官于是都用轿了。当时理学家虽有“以人代畜”议论，请求政府用法令限制，还是无从限制。理学家本人出行，大致也还是要坐轿子。另外一个原因，即由于江南马匹不多，军用马就不足数。国家为吸收来自西北的马匹，茶马司还在川蜀特设官锦坊，专织特种锦缎，并掌握茶叶生产，便于每年按期用“和买”制交换西北西南各属军用马匹。

明人因笔记常提及元代“戗金”器和技术处理，后人多误以为元代始有在器物上加金习惯，正如把古代金银错认为是夏代发明又通称“商嵌”一样。其实戗金如指用金银片、丝、星点嵌于铜漆器物上，是由春秋战国起始，用于青铜兵器、容器、车马器上，到汉代更在铁、漆及丝织物上也使用到，并进一步普遍发展了鎏金法和泥金银法。

一直使用下来，从未断绝。唐代禁止用金十四种，可知当时至少服饰用金技术即已达十四种。宋代禁止用金十九种，还仅就衣饰上用金而言。元代“戗金”虽使用于铁兵器什件上比较多，从部分遗物看来，也可明白是这部门工艺的继续，而且是技术衰退时期。正和社会各部门重要生产一样，在这个将及一世纪的时间中，游牧民族落后政治统治中，国家适合军事需要的官工业，在组织上虽若更加严密，更加专业化，提高了生产上的品质和数量，例如毛纺织物和加金丝织物，在技术上也得到一定成就。此外来自人民的戏剧小说，因当时吸收了许多有文学才能人士，生活又面对群众，得到许多新的成就。棉花则由黄道婆从岭南传来种植和加工技术，于长江下游松江一带大量种植后，人民得利极大。至于其他一般生产文化，实际上居多是停顿或后退的。即“戗金”技术，和先前比也少进展性。游牧民族军事统治者，对于乘骑的爱好和重视，虽由来已久，在欧亚二洲广大地区进行的大规模军事行动，更必需靠几十万铁骑来维持。马镫在西方的传播，就有人认为是从这个时期起始，因之改变了世界古代旅行、射猎及战争技术。然而元代马具，却未闻有何特别改进处。日人从传世画马名家任月山的一幅画迹引证，认为元代马镫本于宋制。其实这幅画从马形说来，正和一般传说赵松雪画马情形相同，多从唐代粉本摹写而成，并非元代马式。到目下为止，关于元代鞍具的实际知识，我们也是不够多的。比较可靠还是从明初骑乘注意，能够明白得到一点印象。

元代漆工艺成就在南方民间。著名的如张成、杨茂，在设计上和制作艺术技法上，都是优秀的。明初由张成儿子张德刚主持的果园厂剔红漆器的成就，基本上还都是从元代两大名家技术得到的。陶宗仪[①]著《辍耕录》，曾提到元代漆器种种生产做法，并叙述及“戗金”漆器。又从元明之际通俗识字读物《碎金》一书中，还可知道在这个时期，漆器中已有如下各种名目:“犀皮”“罽浆”“锦犀”“剔红”“朱红”“退红”“四明”“退光”“金漆”“桐叶色”……一面可知宋元以来有色漆的种类，另一面也可推想这种多色漆，在宋元以来必然大部分都有机会用到木制高桥鞍具上。至于马镫的制作，我们知道“双虹饮梁”或“二龙戏珠”必流行于元代，而影响到明清。至于从画迹上来考查这时期的鞍镫，似乎还需要在画迹年代上，先做出正确判断，才可用作根据，不至于错误。因为一般传世《番骑图》，从明代以来绘画鉴赏家，为简便计，在著录上提人名，多一例把它当成“胡虔”“胡瓌”“东丹王”“陈居中”等人遗笔，提主题，总不外“番骑”“射猎”“游骑”等事。其实这些画幅是包括有回鹘、契丹、女真、西夏、蒙古……一系列不同对象的旧画，更包括三四个世纪许多有名无名作者的成就。对于这些绘画的引证，是应当谨慎一些，详明时代，比较妥当的。

明代在马具鞍镫工艺问题上，正和明代青铜镜子工艺一样，时代虽然比较近，历史文献也比较详悉，但一到必需联系实物来商讨

① 陶宗仪，元末明初文学家、史学家。

举例时，特别是从“发展”上有所说明时，我们知识反而越加不具体！从日用铜镜子说，是因为大型镜子制作比较汉唐简陋，在工艺上多不足保留，却在玻璃镜子兴起以后，把它当成废铜熔化了的。鞍具不易从土中发现，则有两个原因：一是殉葬时纸作明器车马，多当场焚化；二是坟墓中已无用真实马鞍殉葬的制度。但明代鞍具的制作用银风气，从记载上说“鋄银事件”还是可以知道。明代青铜金银加工技术，可分作三个方面来认识：

一、基本上发源于金银错，技术上有了进一步突破，因之演进成为一个新的生产部门的，是景泰年中“掐丝珐琅”的出现，“景泰蓝”因此成为中国工艺美术具世界性一个部门。早期景泰蓝属于国家官工业，主要生产品和果园厂漆器相近，是为装点宫廷需要产生的瓶炉圆器。到清代才做多方面发展，也有用作鞍镫的。由于不切实用，并且容易损坏，虽有鞍具制作，还是缺少发展性。

第二部分是直接由青铜加金技术演进而出，在仿古鼎炉彝器制作上加嵌金银丝花纹，有署名“石叟”的作品，在明清两代士大夫玩宣德炉成风气时期，十分流行。不过器物多仿作，因之真伪难分。又有虽同样直接由金银错技术发展，却用“剔红法”“堆花法”做成芝麻地或锦纹地加凸雕龙凤折枝花等等鼎炉瓶壶器物，厚鎏金，还影响到清代造办处制作，在明清铜工艺成就中自成一格的，有署名“胡文明”制器。数量种类虽不如石叟作品之多，艺术成就却比较高。但所作器物多属于当时所谓“清玩”一格，马具鞍镫还少见。又云南昆明元明以来就有“乌铜走银”技术，在继续生产小件日用品，直延续到现代。技术上有用近于唐宋人说的“识文隐起”法的，也有完全平嵌，如金银嵌和唐银平脱两种技术混合的。不过花纹既多用一般折枝花鸟文字，又多从墨盒等小件应用器物上发展，因之和石叟作品已同源异流，更不大容易看得出他和古代金银错彼此关系了。二十年前，中国偏西南各省区，山地行旅交通，用马力代步需要还相当多，因此马鞍具在这些地区，也还有一定生产量，昆明地方的马鞍，还常有用彩漆绘成精美图案的，因色漆重髹，磨光处红黑斑斓，十分美观，还可证《因话录》说的古犀皮色泽来源。马镫更有种种不同的式样，既可发现长柄把条子唐式铜马镫，也容易见到错金银做“毬路”“连钱”“狮子滚球”“双龙抢宝”等花纹的宋元明式马镫。其中也有可能就是元明旧作。重要是它的形制。值得加以收集，因为再过十来年，这些马具恐怕就快要消失了。云南乌铜走银技术的流传，唐式马镫的继续，正和云南槌金箔技术一样，据个人私见，它可能和唐代南诏时军队攻西川，掳掠四百特别技工回滇有密切关系。因此就技术说，它还反映唐代川蜀金工的成就，算得是古代“蜀郡西工”一个分支。

第三部分是技术保存于长江下游和广东江西，大至床榻、屏风、衣柜、条案，小如酒盏茶盘，无不生产的金银嵌螺甸漆工艺，通称软螺甸金银嵌。这是最源远流长一个部门，因为金银嵌较早作品，虽只在春秋战国时墓葬发现，至于螺甸做装饰镶嵌，安阳侯家村彩绘浮雕龙纹残土上，就已有圆泡状蚌片发现。浚县辛村卫墓的螺甸镶嵌长方片，更近于在漆器上的残件。明代以来，因南方生产发展，海外通商贸易范围日益增加，市民阶级中的中产分子生活多比较富裕，特别是寄住在江浙如苏、杭、嘉、松、湖一带城市，直接或间接以靠掠夺劳动人民劳动果实为生的地主官僚商人富户，这些人的爱好，比宫廷中的爱好还更广泛地刺激了这部分生产品质的日新月异。正和其他许多种特殊工艺一样，嘉定、杭州、松江刻竹器，宜兴做陶壶，苏州嘉兴做缂丝，苏州雕玉、刻象牙，都得到发展机会。《髹饰录》在这一类漆器上，提起的名目就有几十种，可见技术上的多样性。这些不同加工技术当时都必然会反映到马鞍上。明人笔记称江西庐陵富户家中做螺甸漆器，床榻衣柜，当时都是聘请工人到家中定做，不计工本，不问年月。严嵩抄家时，留下一个财产底册，也提起很多这种大件床榻工艺美术品。(历史博物馆收藏漆器家具中，还有一对明代制作高及八尺的大柜，全部用软螺甸金银嵌法，表现元明人杂剧本事，人物不及二寸大，楼阁树木全用宋代界画法做成的。)当时还有用同一主题,一生专做小件器物的,例如苏州人江千里，就以做《西厢记》小件酒器茶盘而著名。

明代金银加工工艺，无论在种类和艺术成就上，虽然都有显明彰著的发展，时代又还近，但马鞍具可没有留下特别精美的东西。除前提两种原因，另外还有两个不同原因：一是轿子的流行，因为到明代晚期，不仅官僚富户可以坐轿，照《金瓶梅》叙述，山东一个小县份的妓女，出门也坐轿子。二是特别精美的金银装鞍具，多因剥取金银而毁去，想保存也不容易保存！

试释“长檐车、高齿屐、斑丝隐囊、棋子方褥”

北齐颜之推在他著的《颜氏家训·勉学篇》中，批评梁朝贵族子弟不学无术、浮华空疏、讲究享受时说到当时四种时髦事物：“梁朝全盛之时，贵游子弟，多无学术，至于谚云：‘上车不落则著作，体中何如则秘书。’无不熏衣剃面，傅粉施朱。驾长檐车、跟高齿屐、坐棋子方褥、凭斑丝隐囊，列器玩于左右，从容出入，望若神仙……”习文史的照例必读过这篇文章。“熏衣剃面、傅粉施朱”，凡是读过《世说新语》和干宝《晋纪·总论》的，必然明白它的出处和原因。至于文中提起的四种当时社会流行时髦用具，究竟是些什么样子，又为什么原因受重视，就不大明白。字面容易认识，真实意思却不容易懂。从古书注里想办法，还是不好懂。因为如孤立引书证书，只会以讹传讹。例如注称“长檐”即“长辕”，行动安稳云云。事实上这只是附会，长檐并非长辕！但是，如能用个较新办法，让文献和文物适当结合起来，试做些探索，千多年来疑问，虽不能说迎刃而解，至少图文互证，这几个字的含义，就有可能懂得切实具体多了。

一切事物从不孤立存在，生活日用什物，更必然上有所承而下有所启。由文物所证，已可看到自商代起始，车的造型变化过程。“长檐车”就是有长长罩檐的一种车子，从南北朝时代保留于石刻、砖刻、壁画、陶塑车辆中去寻觅，毫不费力，即可以发现一系列这种车子。拉车有马有牛，汉末《古诗十九首》中“轩车来何迟”的轩车，曹操借故把杨修杀掉后，送杨彪夫妇的“通明绣幰四望七香车”，是它的前身，而唐人“油碧香车金犊肥”的油碧车或金犊车和“画毂雕鞍狭路逢，一声肠断绣帘中”的油碧香车，画毂绣帘，却是它的后继者。

较早形制特征，是两旁有窗，车盖高张，车后还曳个长长绣幰。由一牛到四马都可使用。汉代以来，比较穷的王公士大夫只乘牛车，到武帝后，慢慢照制度办事，马可以按等级使用。汉末好马多供军用，牛车在某些地区复流行。到晋代且转成时髦，增加华美，蹄角莹洁如玉，价值千金。它和社会上层对于老庄爱好也有一定关系。因为传说老子是乘青牛出函谷关的。魏晋以来，贵族士大夫多纨绔子弟，腹中空疏无实物，却喜作务虚清谈，爱漂亮。有的为官做宦，也凭这个得到帝王权臣宠爱。社会相习成风，不以为耻。因此，“何郎傅粉、荀令熏香”反被渲染成为佳话，影响社会风气。所谓“名士”有种种不同，至于尚清谈，乘牛车，二而一，实时髦事物的两种表现，影响到齐梁，即成《勉学篇》中描绘的情形。《世说新语》记王导故事，《搜神记》叙刘幽求故事，提起的车子，人神所乘大致都属于此式。

最早式样的形成，或在汉武帝时，反映于一个小小青铜戈戟附件上，用金银错法表现仙人驾芝盖白鹿车于云中奔驰，正与汉乐府诗“仙人驾白鹿”相合。这个美术品，目下虽陈列于故宫博物院战国艺术馆柜子中，事实上，它是在河北怀安西汉五鹿充墓中出土物，很可能还是武帝东封泰山求长生不死，或文成五利在长安斋宫寿宫做法事，武帝随从执戟郎官手中物。其次式样多反映于浙江绍兴出土汉末魏晋之际青铜镜子上，是本于《穆天子传》周穆王驾八骏马出游会西王母故事而成。车中也有作西王母的。渐进到南北朝才发展成长檐车。

近年出土文物中，有一系列发现，特别有代表性的，计有：

河南邓县齐梁时画像砖墓浮雕长檐车，

山西北齐张肃俗墓彩绘黄陶长檐车，

北魏正光二年（公元 521 年）刻石长檐车，

北魏永安二年（公元 529 年）造像刻石长檐车，

敦煌北朝壁画九色鹿经故事彩绘马拉长檐车，

故宫、历史博物馆及贵州师院藏隋焦黄釉陶长檐车，

唐张议潮夫人行香图彩绘长檐车，

历史博物馆陈列唐白瓷小玩具长檐车，

此外保留在画卷上还有宋人临摹唐末五代旧稿《西岳降灵图》中长檐金犊车。车制多大同而小异。唯驾车用二牛背加锦鞯为仅见。

文图互证，我们才明白，西汉三国以来，仙人所乘“芝盖云车”和“通明绣幰四望七香车”以及南北朝时《颜氏家训》所指的“长

檐车”的彼此渊源。到了唐代便是“油碧香车”“金犊车”。一般用牛拉，西北马多的地区也还用马拉。车制特征是罩棚多作覆瓦状，长檐上翻，做得格外波俏。（真正是古典阿飞式！）车后拖曳一条长长绣幰，高轮华毂，小黄犊特别肥壮，有的背上还覆盖一片团窠锦绣，油碧罩棚间施彩绘。车旁另外有个木支架，便于在雨雪酷暑时上面另加个油布罩棚，可以使骄阳雨雪不至于直接照洒车棚，又能保护牲口。

如照晋人记载，则晋代关于车子的使用还分等级，装饰各有不同。现实材料不够具体，我们便不能再说什么了。唯知道油碧饰车和当时流行绿沉漆还必然有一定联系，却又显然还有附会谶纬说“青盖自南来”受车用青盖的影响。根据这些会通知识，我们说，从此认识了北朝长檐车的形象和所以形成的原因，就有了一点谱，不会太错。如果想要恢复几种古代车形也不会怎样困难了。

“高齿屐”应即是史传中记载谢安闻知淝水战役胜利，怀着欣喜兴奋心情，忙匆匆跑过门限时折齿的那种木屐。齐梁流行原因，也是仰慕王谢名士风流，有所效法，因之相习成为风气。一般对于屐的印象，多以为当如后世罗汉和尚脚下所穿，和近代日本木屐类似，屐齿即底板上两道横栏。历来注解也这样说。但从传世大量晋南北朝石刻画卷人物冠服形象分析，南朝贵族名士所有脚下穿的多是平底的，因此所谓“屐齿”的位置，就有了问题。可能不是在底下，指的或是前面作“”式向上翻起的部分。它可能起源于汉代的歧头履（长沙马王堆汉墓有出土实物可证）。到晋代才成为硬质，过门限时才容易碰折！传世顾恺之《洛神赋图》一侍从所着及传世《斫琴图》一高士所着，反映得格外清楚具体。《斫琴图》历来认为是宋人笔墨，时代晚，不宜称引，但是这个画卷中生产工具是晋，用具是晋，人物形象衣冠是晋，画中主题也和晋人嵇康故事等相切合。说是顾稿虽不可靠，说是东晋南朝以来旧稿的传摹本，大致不会太错！屐齿事明代人似已提出过。这当成个问题再提出，还是有意义的。

“斑丝隐囊”，隐囊即靠枕、引枕、拐枕，但是形象如何？却少有人提起过。画卷石刻中有三个形象可以参考：一在《北齐校书图》里，有个梳螺发的女侍手中抱持的，得知原来是个长鸭蛋式样子。使用时则搁在背后腰间，龙门石刻病维摩，就倚靠着它从容论说佛法！斑丝当非锦绣，必指另外一种丝绸加工，而又是当时流行的材料，唯有斑缬近似，即在碧色罗帛上扎染玳瑁斑。敦煌曾出现过一些晋代实物，花斑和南方晋代缥青瓷器上的褐斑还十分相近。斑丝是否染缬，因为当时西北毛织物还有“斑罽”，而西南夷传上又曾提及过西南出“阑干斑布”，一时还难做定论，可能性却较大。至于到后来《高逸图》一高士所倚隐囊，则显然明白，作的是唐代大团窠式花锦纹样，《高逸图》虽有明代弘治间人题作晚唐孙位所绘，事实上，主题人物也是从晋南北朝旧稿取来，加以拼凑而成的。即以人物形象言，主题部分即比孙位早，某些部分又必然晚。孙位既在西蜀，哪会把成都出的图案锦画得不伦不类！

“棋子方褥”，汉代以来，“独坐”称“枰”，可见和棋枰必相近。即盛行用毛织物“毾㲪（tà dēng）”“花罽”“细旃”类坐茵。这种毛织物历来是西北名产，价钱相当贵重，买时论张不论匹。汉代锦绣价格照《范子计然》称齐国上等细绣纹锦一匹钱二万，这种毛织物若照班固文中所说，却比锦绣还贵得多！当时也有由天竺、大秦诸国进来作五色十色的，鱼豢著《魏略》曾提起过。除榻上车上使用，又便于郊游，敦煌北魏壁画中常有反映。从《洛神赋图》陈思王身边，一个侍从手中挟持的和邓县画像砖浮雕侍从挟持的看来，得知平时是和棋局一样折合起来，便于随身携带的（《斫琴图》中则做成小卷，应是虎豹皮做成的）。照形制说宜称“棋局方褥”。另有花纹或称“棋子格方褥”才合。因为晋代贵重丝绸称“七彩杯纹绮”，实物虽不得而知，杯纹多指连续方胜而言。花纹得名是因为和羽觞形象近似，一般常作“”式，连续起来即成为棋子格图案。若原文称棋子不误，则当指团花而言。西汉以来普遍应用柿蒂纹做装饰图案，空心砖部分装饰花纹和丝绸不可分，即有作棋子格中加柿蒂的。若重叠柿蒂即成团花，山东沂南汉墓藻井，即印有平棋格子中加这种团花的材料出现。比洛阳北朝龙门石刻洞窟顶部格子团花还早三百年，唐代团窠锦由之发展而出，成为主要锦纹。或作小团花，也有可能。唐代敦煌壁画尚多团花坐毯或舞茵。又流行方尺铺地团花砖，显明还是由仿照地毯舞茵做成！

为什么我们把颜之推这几句话看得那么认真，不怕麻烦，来寻根究底，有无必要？读书明大意即得了，必求字字落实，将不免引人走入歧途，迷不知返。这种看法对于一般人说来是对的。但是就一个博物馆工作者说来，如论文物制度，却有必要对于它知道得比较扎实全面一些。文图互证也会有错误时，文物见闻有限，更容易弄错。但私意结合文献和文物来找问题，终不失为一种新的研究文物方法。一面可望把文献记载到的事物，弄得比较明确清楚，一面也可望把许多文物，固有名称和这些器物本身历史演进弄清楚些。并由此得知，一切生活器用绝不孤立存在，既不能凭空产生，也不会忽然绝踪。用联系和发展上下前后四方求索方法，去研究文物中丝绸、陶瓷、家具、字画和铜、玉、漆、竹、牙、角器等，必然可以使我们得到极多便利，过去许多不易着手的问题，在这种新的认识基础上，都能够理出一些头绪和相互关系。做文物鉴定就比较全面。做陈列说明和陈列所需要的历史画塑，编排历史戏剧、历史电影、历史故事连环图，使用有关材料时，也就比较能做得有根有据，不至于胡说凑合！

上面谈的不过是几件古代日常用具，从文物常识出发的一点体会。如一个思想水平高，史部学知识又扎实的专家通人，或学习历史充满雄心壮志的年轻朋友，肯打破传统读书习惯，能扩大兴趣来充分利用一下近十多年全国出土文物和博物馆原有的收藏，且善于把文物与文献结合起来，进行广泛而深入的研究。这自然比单纯引书证书麻烦，而且不易一时见功。但不下点狠心，搞个十年八年或更长时间，是不会有什么显明效果的。我相信，世上应当有不怕麻烦的年轻人，敢于学习、认真实践，必会从中明白一系列前人不易明白的问题，使得仿佛静止的过去历史，有可能重新恢复它原有的活泼面貌。这对于新的文史研究定会有意想不到的发现。把我国的历史科学大大推进一步。

考 工 记

扇子史话

扇子，在我国有非常古老的历史。出于招风取凉、驱赶虫蚊、掸拂灰尘、引火加热种种需要，人们发明了扇子。

从考古资料方面推测，扇子的应用至少不晚于新石器时代陶器出现之后，如古籍中提到过“舜作五明扇”。但有关图像和实物的发现却较晚。目前所见较早的扇子形象是东周、战国铜器上刻画的两件长柄大扇，以及江陵天星观楚墓出土的木柄羽扇残件。从使用方面看，由奴隶仆从执掌，为主人障风蔽日，象征权威的成分多于实际应用。

战国晚期到两汉，一种半规型“便面”成为扇子的主流。其中以江陵马山楚墓出土、朱黑两色漆篾编成的最为精美。便面一律用细竹篾制成，上至帝王神仙，下及奴仆烤肉，灶户熬盐，无例外地都使用它。

魏晋南北朝时期，“麈尾”“麈尾扇”“羽扇”及“比翼扇”相继出现。“羽扇”前期本由鸟类半翅制成，后来用八羽、十羽并列，且加了长木柄。“麈”是领队的大鹿，魏晋以来尚清谈，手执麈尾有“领袖群伦”含义。“麈尾扇”传由梁简文帝萧纲创始，近于麈尾的简化，固定式样似在纨扇上加鹿尾毛两小撮。“比翼扇”又出于麈尾扇，上端改成鸟羽，为帝子天神、仙真玉女升天下凡翅膀的象征。

隋唐时“麈尾”虽定型，但使用范围缩小。“纨扇”起而代之，广为流行。“纨扇”亦即“团扇”，主要以竹木为骨架，制成种种形状，并用薄质丝绸糊成；历来传说出于西汉成帝朝（公元前32—前7）。南北朝时，纨扇扇面较大，唐代早期还多作腰圆形，近乎“麈尾”之转化。唐开元、天宝以来才多“圆如满月”式样。纨扇深得闺阁喜爱，古代诗词中多有反映，如“团扇、团扇，美人并来遮面”“银烛秋光冷画屏，轻罗小扇扑流萤”“团扇复团扇，奉君清暑殿。秋风入庭树，从此不相见”。借团扇刻画出少女种种情态或愁思，可见扇子的功能已大为扩展。

宋元时期纨扇尽管还占主要地位，且更多样化，但同时也出现另一新品种“折叠扇”，即折扇；一般认为是北宋初从日本、高丽传入的。南宋时生产已有相当规模。但扇面有画的传世实物连同图像反映、画录记载，两宋总计不到十件，元代更少。这种情况也许因当时多用山柿油涂于纸面做成“油纸扇”，不宜绘画，只供一般市民使用；或与当时风习有关，虽也有素纸“折叠扇”，但只充当执事仆从手中物，还不曾为文人雅士所赏玩，因而尚未成为书画家染翰挥毫的对象。元代山西永乐宫壁画，保留了大量元人生活情景，“折叠扇”仍只出现于小市民手中。

到了明代，折扇开始普遍流行，先起宫廷，后及社会。明永乐年间，成都所仿日本“倭扇”，年产约两万把。早期扇骨较少，后来才用细骨。扇面有加金箔者，特别精美的由皇帝赏给嫔妃或亲信大臣，较次的按节令分赐其他臣僚。近年各地明代藩王墓中均有贴金折扇及洒金折扇出土。浑金扇面还有用针拨画山石人物的，极似倭扇格式。也有加画龙、凤的，可能只限于帝后使用。至于骚人墨客等风雅之士，讲究扇面书画，使之更近于工艺品。当时的川蜀及苏州都是折扇的主要产地。折扇无疑已成为明代扇子的主流，影响到清代，前后约三个世纪之久。

歌舞百戏用扇子当道具，也是由来已久。唐宋“歌扇”已成为诗文中习用名词，杂剧艺人不分男女腰间必插一扇；元杂剧中扇子已成为必不可少的道具，习惯上女角多用小画扇，大臣儒士帮闲多用中型扇，武臣大面黑头等则用白竹骨大扇，有长及二尺的。演员借助扇子表现角色的不同身份和心理状态，妙用无穷。剧目和文学作品中也有以扇为主题的，如“桃花扇”“孙悟空三借芭蕉扇”“晴雯撕扇”等，可见其影响之大。

折扇外骨的加工，明代已得到极大发展。象牙雕刻，螺钿镶嵌，及用玳瑁薄片粘贴，无所不有。但物极必反，不加雕饰的素骨竹片扇也曾流行一时，甚至一柄值几两银子。清代还特别重用洞庭君山出的湘妃竹，斑点有许多不同名称，若作完整秀美“凤眼”形状，有值银数十两的。至于进贡折扇，通常四柄放一扇匣内，似以苏浙生产的占首位。

清代宫廷尚宫扇，包含各种不同式样。雍正四妃像中，即或执折扇，或执宫扇。宫扇一般式样多为上宽下略窄，扇柄多用羊脂玉、翡翠、象牙等珍贵材料加工而成，扇面还有用象牙劈成细丝编成网孔状的，这实在只是帝王的珍玩，已无任何实用意义。

至于农人，则一律是蒲葵扇，《雍正耕织图》中，他本人自扮的老农也不例外。高级官僚流行雕翎扇，贵重的有值纹银百两的，到辛亥革命后才随同封建王朝覆没而退出历史舞台。后来京剧名角余叔岩、马连良扮诸葛亮时手中挥摇的雕翎扇，大约从北京的前门外挂货铺花四五元就可买到。

龙凤艺术

——龙凤图案的应用和发展

民族艺术图案中，人民最熟习的，无过于龙凤图案。但专家学人中说到它时，最难搞清楚的，也无过于龙凤图案。因为龙的形象既由传说想象而成，反映到工艺美术造型设计中，又在不断发展变化，如仅仅抄几条孤立文献来印证，是不能解决问题的。记得年前在报刊上曾看过一篇小文章，谈起龙的形象，援引宋人罗愿《尔雅翼》关于龙的形容[①]，以为怪诞不经，非生物所应有。其实，这个材料的称引，即用来解释宋代人有绘画、雕刻、陶瓷、彩绘装饰、锦绣图案中反映的龙形，也就不够具体而全面。不仅无从给读

---

①《尔雅翼》云："龙者鳞虫之长。王符言其形有九似：头似驼，角似鹿，眼似兔，耳似牛，项似蛇，腹似蜃，鳞似鲤，爪似鹰，掌似虎，是也。其背有八十一鳞，具九九阳数。其声如戛铜盘。口旁有须髯，颔下有明珠，喉下有逆鳞。头上有博山，又名尺木，龙无尺木不能升天。呵气成云，既能变水，又能变火。"

者一种明确印象，即文章作者本人，也不能得到一个较符合当时人想象做成的各种不同龙的形象。原来龙虽然是一种想象中的动物，但在历史发展中，却不断为艺术家丰富以新的形象。即以《尔雅翼》作者时代而言，龙的样子也是多种多样的。有传世陈容的画龙，多作风云变幻中腾攫而起的姿势。有磁州窑瓶子上墨绘和剔雕的龙，件头虽不大，同样做得还雄猛有力。但是它是宋式，和唐代明代风格都不大相同。最有代表性的，是山东曲阜孔子庙大成殿那几根盘云龙石柱，天安门前石华表的云龙，即从它脱胎而出，神情可不一样。至于敦煌宋代石窟洞顶藻井画龙，也还有种种不同造型，却比《营造法式》图样生动活泼。在锦绣艺术中最著名的，是宋徽宗赵佶所绘《雪江归棹图》前边那片包首缂丝龙，配色鲜明，造型美丽，可说是宋代龙形中一件珍品。但是如不用它和明清龙蟒袍服比较，还是得不着它的艺术特征的。宋代龙形必然受唐代的影响，可是最显著的却只有定窑瓷盘上的龙形，还近于唐代铜镜上的反映，别的材料已各做不同发展。上面说的不过是随手可举的例子。如就这个时代龙的艺术做全面分析，那就自然更加言之话长了。

历来龙凤并提，其实凤的问题也极复杂，由于数千年来用它做艺术装饰主题更加广泛而普遍，它的形象也在各个时代不同发展变化中。

凤的形象如孤立的只从师旷《禽经》[1]一类汉人记载去求证，也难免以为怪诞虚无，顾此失彼。要明白它必须就历史上遗留下各种活泼生动的形象材料，加以比较，才会知道凤凰即或同样是一种想象中的灵禽，在艺术创造中却表现多方，有万千种美丽活泼式样存在。如从联系发展去注意，我们对于凤的知识，就可更加丰富具体，不至于人云亦云了。

在人民印象中，历来虽龙凤并称，从古以来，且和封建政治紧密结合，龙凤形象成为封建装饰艺术的主题，同时也近于权威象征。但事实上两者却在历史发展中似同而实异，终于分道扬镳，各有千秋。决定龙凤的地位，并影响到后来的发展，主要是两个故事：有关龙的是《史记》所记黄帝传说，鼎湖丹成乘龙升天，群臣攀龙髯也有随同升天的。关于凤的是萧史吹箫引凤，和弄玉一同跨凤上天故事。同是升天神话传说，前者和封建政治结合，后者却是个动人爱情故事，后来六朝人把“攀龙附凤”二词连用，作为一种依附事件的形容，因此，故事本来不同意义也失去了，不免近于数典忘祖。其实，二事应当分开的。

---

①《禽经》传为春秋时期师旷所作，总结了各种鸟类知识。《禽经》开头是这样描述凤凰的：“子野曰：‘鸟之属，三百六十，凤为之长。’故始于此。凤者，羽族之长。凤雄凰雌。凤，鸿前，麟后，蛇首，鱼尾，龙纹，龟身，燕颔，鸡喙，骈翼。首载德，顶揭义，背负仁，心抱忠，翼夹信，足履正。小音钟，大音鼓。不啄生草，五采备举。飞，则群鸟从。出，则王政平，国有道。”

龙历来即代表一种权威或势力，中古以来的传说附会，更加强了它这一点。汉唐以来，由于方士和尚附会造作，龙的原始神性虽日减，新加的神性却日增。封王封侯，割据水府，称孤道寡，龙在封建社会制度上，因之占有一个特别地位。凤到这时却越来越少神性，可是另一面和诗文爱情形容相联系，因之在多数人民情感中，反而日益亲切。前者随时势推迁，封建结束，龙在历史上的尊严地位也一下丧失无余。虽然在装饰艺术史中，龙还有个位置。现代造型艺术中，龙的图案也还在广泛使用。戏文中角色有身份的必穿龙袍，皇帝必坐龙床，国内外到北京参观，对建筑雕刻引起最大兴趣的，必然是明代遗留下来那座五彩琉璃做的九龙壁。木雕刻易留下深刻印象的，是故宫各殿中许多木刻云龙藻井。石刻中则殿前浮雕云龙升降的大陛阶，特别引人注目。春节中舞龙灯，也还是一个普遍流行热闹有趣节目。不过对于龙的迷信所形成的抽象尊严，早已经失去意义了。至于凤呢，却在人民情感中还是十分深厚而普遍。新的时代将依然在许多方面成为装饰艺术的主题，做各种不同反映。人民已不怕龙，却依旧欢喜凤。

龙凤在古代艺术上的形象和文字中的形容，相互结合来注意，比单纯称引文献来分析有无，还可明白更早一些时候古人对于二物想象的情感基础。甲骨文字上的龙凤，还无固定形式，但是基本上却已经可以看出龙是个因时屈伸的灵虫，凤是个华美长尾的灵禽。双龙起拱即成天上雨后出现的虹，可知龙在三千年前即有能致雨的传说或假想,并象征神秘。但龙又像是可以征服豢养的,所以古有“豢龙氏”，黄帝后来还骑龙上天。在铜玉骨石古器物上图案反映做各种不同形象发展，过去统以为属于龙凤的，近来已有人怀疑。但龙凤装饰图案，在古器物中占主要地位，则事无可疑。关于龙的问题拟另做文章探讨。现在且看看凤凰这种想象灵禽身世和发展。

在一片商代透雕白玉上，做成如一灵鹫大鹏样子，爪下还攫住一个人头，这是凤，且不是偶然的创作，因为相同式样的雕刻还不少。气魄雄健，似和文字本来还相合，却缺少战国以来对于凤凰的秀美观念。但在同时一件青铜器花纹上的典型反映，却是顶有高冠，曳着长尾，尾上还有眼形花纹，样子已和后来孔雀相差不多。因此得知后来传说中的凤凰和平柔美形象，在此也有了一点基础。

古记称:“有凤来仪”“凤凰于飞”，让我们知道，这种理想的灵禽，被人民和当时贵族统治者当成吉祥幸福的象征和爱情的比喻，也是来源已久，早可到三千年前，至迟也有两千七八百年。它的本来似属于鹫鹰和孔雀的混成物，但早在三千年前即被人加以理想化，附以种种神秘性。西周是个比较务实的时代，凤的性质因之不如龙怪诞。稍后一点的孔子，有“凤鸟不至，河不出图”之叹，可见有关凤凰神奇传说，还是早已存在的。凤是一种不世出的大鸟，一身包含了种种德行，一出现和天命时代都关系密切。凤凰既然那么稀有少见，历来人民却又如何在艺术上加以种种表现，越到后来越做得生动逼真，而且成为爱情的象征，是有个历史发展过程，并非凭空而来的。我们值得把它分成几个不同阶段（或类型）来分析一下。

一、是从甲骨文上刻有各种凤字，到《易经》上“有凤来仪”时代，也即是在文字上还无定形，而在佩玉上如大鹭，在铜器花纹上如孔雀时代。值得注意的是这时妇人发簪上，也已经使用了凤凰。可知一面是祯祥，一面又起始和男女爱情有了一定联系。

二、是《诗经》上有“凤凰于飞”，孔子有“凤鸟不至”、楚辞有“鸾鸟凤凰，日已远兮”、故事中有“吹箫引凤”传说成熟时期。也即是真凤凰证明已少有人见到，而在造型艺术中，却产生了金村式秀美无匹的雕玉佩饰和长沙漆器凤纹图案，以及金银错器、青铜镜子上各种秀美活泼云凤图案时期。

三、由传世伪托“师旷禽经”对于凤凰的描写，重新把凤凰当成国家祥瑞之一来看待，附会政治，并影响到宫廷艺术，见于帝王年代则有“天凤”“五凤”“凤凰”，见于造型艺术，先成为五瑞之一，又转化为朱雀，代表了南方，和青龙、白虎、玄武象征四方四神。在建筑上则有朱雀阙，瓦当上出现朱雀瓦。即一般大型建筑也都高踞屋顶，作展翅欲飞的金雀姿势（后来的铜雀台也是由此而成），而在艺术各部门中，又都有一定地位时期。

四、在人民诗歌中，已经和鸳鸯、鸂鶒、练鹊等相似地位，同为爱情象征。反映到青铜镜子艺术上更十分具体。但在封建宫廷艺术中，另一面又和龙重新结合，成为上层统治权威象征，特别是女性后妃象征。此外在博具中的双陆[①]、樗蒲[②]，都得到充分使用。因之“龙凤呈祥”主题图案，也成熟于这时期。然而在一般艺术图案中，它却并不比鸳鸯、鸂鶒等水鸟更接近人民，讨人欢喜。

五、因牡丹成为花中之王，在艺术上和牡丹做新的结合，由唐代的云凤转成“凤穿牡丹”“丹凤朝阳”，反映到工艺图案各部门，因此逐渐独占春风，象征光明、幸福、爱情和好，等等，形象上也越来越做得格外秀美华丽，同时又成为人民吉祥图案中主题画时期。

我们说一切事物都在发展中不断变化，凤凰图案其实也并不例外。多数人民所熟悉的凤凰，图案的形象和它应用的范围，以至给人情感上的影响及概念，原来也这么在不断发展变化中。

例如凤为鸟中之王说法虽古到二千年前，牡丹为花中之王的提法，却起于唐宋之际，只是千多年前事情。至于把两者结合起来，成为“凤穿牡丹”的主题画，反映到工艺美术各部门，成为人民所熟悉的事情，照目下材料分析，实成熟于千年间的宋代。虽然“龙凤呈祥”的图案，也大约是从这时期起始在宫廷艺术中大大流行，还继续发展。“凤穿牡丹”图案，却逐渐成为人民十分亲切喜爱的画面。这也还有另外一个现实原因，即《牡丹谱》《洛阳牡丹记》等

---

① 双陆，古代一种棋盘游戏，棋子移动以掷骰子的点数决定，先把所有棋子移离棋盘者胜。

② 樗（chū）蒲，汉末盛行于古代的一种棋类游戏，从外国传入。因掷彩的投子由樗木制成，因而得名。

著述的流行和实物栽培的普遍，增加了人民对于牡丹名色的知识。想象中的凤凰，因之在人民艺术家手中，做成种种美丽动人姿势，共同反映于艺术创造中。

元明清三个朝代中，龙始终代表一种神性，又成为九五之尊的象征，因此不能随便亵渎。服装艺术上随便用龙是违法受禁止的。虽然“龙舟竞渡”的风俗习惯在长江以南凡有河流处即通行，为广大人民娱乐节目之一。而逢年过节舞龙灯的风俗，且具有全国性。但是在另外一方面，即从晋六朝以来，佛教宣传江湖河海各有龙神，天上还有天龙八部，凡是龙王均能行雨，因此到唐宋以来，特封江湖河海诸龙为王为侯，这种龙神名衔直到十九世纪还不断加封。南方各地任何小小县城，必有个龙王庙，每逢天旱，封建统治者无可奈何，就装作虔敬，去庙中祈雨行香，把应负责任推到龙王身上，并增加人民对于龙的敬畏之忱，也即增加封建神权政治。因此，龙不能随便使用。直到五十年前，迷信还深入人心。至于凤凰和牡丹结合后，却和人民情感日加深厚，尽管在封建制度上，凤凰还和王侯女性关系密切，皇后公主必戴凤冠，用凤数多少定品级等次。在宫廷艺术中，又还依旧是龙凤并用。可是有一点大不相同处，乱用龙的图案易犯罪，乡村平民女子的鞋帮或围裙上都可以凭你想象绣凤双飞或凤穿牡丹，谁也不能管。至于赠给情人的手帕和抱兜，为表示爱情幸福，绣凤穿花更加常见。至于民间俚曲唱本，并且开口离不了凤凰。“鱼水和谐”“鸳鸯戏荷”“彩凤双飞”同属民间刺绣主题，深入人心。凤的图案已不是宫廷所独用，早成为人民共同艺术主题了。换句现代话说，即凤接近人民，人民因之丰富了凤的形象和内容。凤给广大人民以生活幸福的感兴和希望。从表面看，因此一来，凤的抽象地位，不免日益下降，再不能和龙并提。事实上，凤和人民感情上打成一片，特别是在民间妇女刺绣中简直是赋以无限丰富的艺术生命，使之不朽，使之永生。

但是我们也得承认另外一种事实，即在近千百年来封建上层艺术成就中，丝绸锦绣袍服、瓷、漆和嵌镶工艺、金银加工等，凡百诸精细造型艺术图案，龙的图案也有其一定成就，而且占有主要地位，凤只是次要地位。不过从艺术形象言即或同用于百花穿插，龙穿花总近于勉强凑合，凤穿花却做得分外自然。论成就，还是凤穿花值得学习。最有代表性的是明代宣德以来和清代初期，在五色笺纸上用泥金银法描绘的云凤或穿花凤，创造了无数高度精美活泼的艺术品，给人以一种深刻难忘印象。和西南地区民间刺绣的万千种凤穿牡丹同放一处，可用得上两句话概括形容："异曲同工，各有千秋。"

俗说凤凰不死，死后又还会再生。这传说极有意思。凡是深深活在人民情感中的东西，它的历史虽久，当然还会从更新的时代和千万人民艺术创造热情重新结合、得到不朽和永生。

（我这个简短分析小文，有一个弱点，即称道文献不多，而援引实物做证又感图片难得完备，说服力不强。只能说是一个概括说明。工艺图案龙凤问题多，值得专家分一点心来注意。我这里只近于抛砖引玉，如能从每一部门——建筑彩绘、石刻、陶瓷、丝绣，都有介绍这个装饰图案发展的专文写出来。国际友人问到龙凤问题时，我们的回答，也就可望肯定明确，不至于含糊笼统了。）

漆工艺问题

中国文化发展史，漆工艺占了个特别位置，重要处不下于丝和陶瓷，却比丝和陶瓷应用广泛而久远。且在文化史分期过程中，作过种种不同光荣的贡献。

史前石器时代，文化中的蒙昧期，动物或植物的油脂，照需要推测，很可能就要用到简单武器的缠缚和其他生产工具实用与装饰上。到彩陶文化占优势时，这些大瓶小瓮的敷彩过程，在红黑彩色是否加过树脂，专家吴金鼎先生的意见，一定相当可靠。吴先生不幸早死，有关这一点我们浅学实不容易探讨。山东龙山镇发现的黑陶片上，有刻画古文字明白清楚："网获六鱼一小龟。"时间稍晚，安阳殷墟商代王公古墓中，又有无数刻字龟甲，虽不闻同时有成形漆器或漆书发现，唯伴随青铜器发现的车饰、箭镞，当时在应用上，必然都得用漆涂饰。使用范围既广，消费量自然就已加多。当时生产方式及征集处理这种生产品情形，虽少文献可以征引，但漆的文化价值，却能估计得出。

到文字由兽骨龟甲的刻镂，转而在竹木简札上做历史文件叙录时，漆墨首先即当作主要材料，和古代史不可分，直到纸绢能完全代替竹木简札的后汉，方告一个段落。然即此以后二千年，墨的制造就依然离不了漆。其他方面且因社会文化一般发达，在日用器物上，生和死两件大事，杯碗和棺木，都少不了漆。武器中的弓箭马鞍，全需要漆。所以说，一部漆的应用小史，也可说恰好即是一部社会发展简史。

它的意义当然不只是认识过去，还能启发将来。据个人愚见，漆工艺在新的社会中，实有个极光辉的前途，不论在绘画美术上，在日常器物上，它是最能把劳动和艺术结合到应用方面一种，比瓷器更容易见地方性和创造性的，在更便利条件下能产生的。

《尚书·禹贡》称：

> 济河惟兖州……厥贡漆丝。
>
> 荆河惟豫州……厥贡漆枲絺（chī）纻。

可知当时中原和山东均出漆。《韩非子·十过》篇说：

> 尧禅天下，虞舜受之，作为食器，斩山木而财之，削锯修其迹，流漆墨其上，输之于宫，以为食器。诸侯以为益侈，国之不服者十三。舜禅天下，而传之于禹，禹作为祭器，墨漆其外而朱画其内……觞酌有采而樽俎有饰……殷人受之……食器雕琢，觞

酌刻镂。

古史传喜称尧舜。商以前事本难征信，不尽可靠，唯漆器物的使用在远古，却是事实。人类文明越进步，漆的用处就越加多。《周礼·夏官·职方氏》记河南之利为林漆丝枲[①]。漆林之征二十而五。或纳贡，或赋税，大致在周初，国家有关礼乐兵刑器物，已无不需要用漆调朱墨做彩绘，原料生产且补助过国家经济。不过世人习惯漆的故事，或者倒是《史记》所记赵襄子漆智伯头做饮器雪恨，及豫让报仇，漆身为癞等等，因为是故事，容易记忆。

战国时有名思想家庄周，尝为漆园吏，专管漆的生产。《续述征记》称古之漆园在中牟。《史记·货殖列传》称：

陈夏千亩漆……皆与千户侯等。

又：

通邑大都……木器髹者千枚，铜器千钧，素木铁器若卮茜千石……此亦比千乘之家，其大率也。

① 枲（xǐ），麻类植物的纤维。

记载虽极简单，已可见出当时漆树种植之富和制器之多。《考工记》记百工，均分门各世其业，更可知运用这种生产的漆工艺，早已成为专门家的工作。生产原料和制作成品，多到一个相当数目的人，都可得官，或者说经济地位近于那种官。

更可知在当时漆器加工和铜铁的比价，实在相当高。有千件漆器，不封侯也等于封侯。

漆工艺彩绘上特别进步，当在战国时。封建主各自割据一方，思想上既泛滥无际，诸子竞能，奇技淫巧亦必因之而大有发展。漆工艺的加工，大致出于这个时期。这从现存寿州楚漆板片及长沙出土漆器，也可推想一般状况。且可明白汉漆器的精美，是继承，非独创。

桓宽《盐铁论》叙汉人用漆器事说：

> 今富者银口黄耳……中者舒玉纻器，金错蜀杯。

叙述价值是漆与铜比一抵十。出处多在西川。这事在扬雄《蜀都赋》中也早已说过。二十年来日本人发掘朝鲜汉墓，更证实了那个记载。所谓“雕镂扣器，百技千工”，照漆器铭文记载，每一件器物，的的确确是用个分工合作方式集合多人产生的。

目前所知，有铭文器物时代最早的，是汉昭帝始元二年，约公元前八十五年。当时即已分木胎和夹纻底子，除朱墨绘画外，还有金银铜贝做镶嵌装饰。彩绘颜色多红黑对照，所做人物云兽纹饰，设计奇巧，活泼生动，都不是后来手艺所能及。中国绘画史讨论六法中“气韵生动”一章时，多以画证画，因此总说不透彻。如果从漆画，从玉上刻镂花纹，从铜器上一部分纹饰来做解释，似乎就方便多了。

漆器铭文中又常有“造乘舆髹……”字样，或可当作皇家御样漆器解。大致当时铜器因为与兵器有关，制造上多出尚方专利。漆器则必须就地取材，却得法令认可，所以有“乘舆髹”字样。制造工官位职都不太小，事实上器物在技术方面的进步，也必然和这个有关，当时还有大器，即彩漆棺木。

照汉代制度看来，比较重要的大官，死后即尝得这种赏赐。《后汉书》记载：

（梁竦）改殡，赐东园画棺、玉匣、衣衾。

（梁商）及薨……赐以东园朱寿器、银缕、黄肠、玉匣、什物二十八种。

袁逢卒，赐以朱画特诏秘器。

漆工艺的堕落，和其他工艺堕落，大约相同，当在封建政治解体，世家子、地主、土豪、群雄竞起争天下的三国时代。汉代蜀锦本名闻国内外，有关当时西蜀经济收入，是国家财政一环。《左慈传》曾称，曹操派人入蜀市锦，因慈钓于堂前铜盘中一举得鲈鱼，拟入蜀购紫芽姜，并托多购锦二匹。曹丕文中却以为蜀锦虚有其名。诸葛亮教令，提及普通刀斧军器不中用，一砍即坏，由“作部”定造，毛病方较少。大约战争连年，蜀之工艺均已堕落，中原佳好漆器更难得，所以曹操当时启奏中，常常提及献纳漆器事情，郑重其事地把一两件皮制漆枕或画案，呈献汉末二帝。谢承《后汉书》称郭泰（林宗）拔申屠子陵（蟠）于漆工之中，欣赏的可能只是这个人的才能器识，未必是他的手工艺。

到晋代后，加工漆器似乎已成特别奢侈品，也成为禁品。有两份文件涉及这个问题。

晋令曰：“欲作漆器卖者，各先移主吏者名，乃得作。皆当淳漆著布骨，器成，以朱题年月姓名。”可知已恢复了汉代旧规矩，做漆器要负责任，乱来不得。又《晋阳秋》说：“武帝时，御府令（又作魏府丞）萧谭承、徐循仪疏：‘作漆画银槃（一作漆画银带粉碗）’，诏杀之。”不得许可做来竟至死罪。《东宫旧事》载漆器数十种，就中有“漆酒台二，金涂镮甸”，可知汉银扣器制式尚留存。又《续齐谐记》称“王敬伯夜见一女，命婢取酒，提一绿沉漆榼”，可知彩漆不只朱墨（绿沉另有解）。《世说》称“王大将军（敦）如厕，既还，婢擎金漆盘盛水，玻璃碗盛澡豆”，可知当时金漆实相当贵重。弘君举食檄有“罗甸碗子”，可知漆嵌螺甸还本汉制。《东宫旧事》又载有“漆貊炙大函一具”。《释名》称“貊炙，全体炙之，各自刀割，出于胡貊之所为也”。可知当时仿胡食烧烤时髦餐具，也有用漆造的。《邺中记》则记石虎有漆器精品：“石虎正会，上御食，游槃两重，皆金银参带，百二十盏，雕饰并同。其参带之间，茱萸画微如破发，近看乃得见。游槩则圆转也。”正和韩非《外储说左上》所称战国时人为周王画策记载相合。若将古代碾玉冶金技术进步比证，这种精美漆画是可能的。

漆工艺入晋代日益地衰落，或和社会嗜好有关。晋人尚语文简净，影响到各方面，漆器由彩饰华美转而作质素单色，亦十分自然。世传顾恺之《女史箴图》，一修仪理发人面前漆奁，边缘装饰尚保留汉代规式，已不着花纹。《东宫旧事》所提若干种漆器，都不涉及花样。又南方青瓷和白瓯，当时已日有进步，生产上或比较便宜，性质上且具新意味，上层社会用瓷代漆，事极可能。王恺、石崇争奢斗富，酒宴上用具，金玉外玻璃琉璃，尝见记载，唯当时较摩登的，或反而是山阴缥青瓷和南海白瓯。尤其是从当时人赠送礼物上，可见出白瓯名贵。从史传上，一回著名宴会，可以推测得出所用酒器大致还是漆器，他物不易代替，即晋永和九年三月，王羲之邀集友好，于山阴会稽兰亭赋诗那次大集会。仿照周公营洛邑既成羽觞随波应节令故事，水边临流用的酒器，大有可能还是和汉墓中发现的漆耳杯相差不多。这种酒器就目前发现已知道有铜、瓷、瓦、玉、铅、漆，各种多由于仿蚌杯而来。唯漆制的特别精美，纹样繁多。

晋六朝应用漆器名目虽多，已不易从实物得一印象。只从记载上知道佛像已能用夹纻法制造，约在第四世纪时，当时最知名的雕刻家戴逵，即在招隐寺手造五夹纻像。随后第六世纪，从梁简文帝文章中，又可见曾令人造过丈八夹纻金薄像。这种造像法，唐代犹保存，直延长到元朝大雕塑家刘元，还会仿造。当时名叫“抟换脱活”，即抟泥做成佛像坯子，用粗麻布和油灰粘上，外面用漆漆过若干次后，再把泥沙掏空即成。后来俗名又叫“干漆作法”，在佛像美术中称珍品。

至于殉葬器物，则因汉末掘墓和薄葬思想相互有关，一般墓葬，已不会有汉乐浪王盱王光墓中大量漆器出现，在南方绍兴古坟已多的是青质陶瓷，在北方，最近发现的景县封氏墓，也还是瓷器一堆。所以说陶瓷代替了战国时铜器、汉时漆器，成为殉葬主要物品不为过分。

但是到唐朝，漆器又有了种新发展，即在漆器上镶嵌象生金银珠贝花饰，名“平脱”。方法旧，作风新。这从日本正仓院和其他方面收藏的唐代乐器、镜奁、盒子等等器物可以知道。唐代艺术上的精巧、温雅、秀丽、调和，都反映到漆工艺中，得到了个高度发展。唯生产这些精美艺术品的工师姓名，在历史上还是埋没无闻。

到宋代，方又一变而为剔红、堆朱、攒犀，等等。唯当时上层社会极奢侈，国家财富多聚蓄于上层社会，日用器物多金银，所以代表上层统治者宴客取乐的开封樊楼（丰乐楼），普通银器竟过万件，足供千人使用。不曾提漆器。加之当时开封、定州、汝州，瓷器制作，由国家提倡，社会爱好，官窑器已进入历史上的全盛时代，精美结实都稀有少见，比较上从工艺美术言来，漆器虽因加工生产过程烦琐，依然为上层社会重视，就一般社会说来，似乎已大不如当时官窑青瓷和白定瓷有普遍重要意义了。所以到北宋末年，徽宗知玩艺术而不知处理政治，为修寿山艮岳，一座独夫个人享受的大园子，浪费无数人力物力，花石纲弄得个天怒人怨，金人乘隙而入，兵逼汴京，迫作城下之盟，需索劳军物品时，公库皇室所有金银缴光后，还从人民敛聚金银器物，一再补充。《大金吊伐录》一书，曾有许多往来文件记载。当时除金玉珠宝书籍外，锦缎、茶叶、生姜都用得着。唯瓷漆器和字画不在数内。宋朝政府有个答复文件，且说到一切东西都已敛尽缴光，朝廷宴饮只剩漆器，民间用器只余陶瓷。一可见出当时漆器多集中于政府，二可明白到南宋，北方漆瓷工艺必然衰落。到元朝蒙古人入主中原时，两种工艺必更衰落无疑。从史志记载，得知北宋漆工艺生产在定州，南宋则移至嘉兴及杭州。《武林旧事》称临安各行业时，即有金漆行一业。元代虽有塑像国手刘元，还能做脱活漆像，本人且活到七十多岁，据虞集作的刘正奉塑像记，当时却被禁止随便为人造作。漆的应用到宋代，已有过一千五百年历史，试就历代艺文志推究，或可在子部中的小说与农家中早有过记载，唯直到宋代，才有朱遵度作一部《漆经》，书到后来依然散佚不存。仅从现存宋代剔红堆朱器物，还可看出这一代器物特点和优点。元明二代漆艺高手集中嘉兴西塘杨汇地方，多世擅其业。个人且渐知名，如张成[①]、杨茂[②]、杨埙[③]，或善剔红，或善戗金，知名一时。仅存器物亦多精坚华美，在设计上见新意，自成一格。杨埙因从倭漆取法，遂有“杨倭漆”之名，明清以来退光描

① 张成，元末雕漆工艺家，其作品代表了我国雕漆工艺最高水平。

② 杨茂，元代人，杰出雕漆工艺家。

③ 杨埙，明代髹漆名匠。

金做小花朵器物，罩金飘霞做法，似即从杨传入而加以变化。张成有儿子张德刚，于明成祖时供奉果园厂，做剔红官器，另外有个包亮[①]还能与之争功。明代漆器的发展水准，因之多用果园厂器物代表。个人著名的应当数黄大成，平沙人，世人因此叫他作“黄平沙”。作品足比果园厂官器。且著有《髹饰录》二卷，为中国现存仅有关于漆工艺生产制造过程专书。明末扬州有个周某，发明杂宝玉石象牙镶嵌，影响到清乾隆一代，产生应用器物插屏、立屏、挂幅作风。清初有卢葵生，工制果盒、沙砚，精坚朴厚，足称名家……

就发展大略做个总结，可知一部有计划的漆工艺史，实待海内学者通人来完成。这种书的编制，必注意两点方有意义：一是它的生产应用，实贯串中国文化史全时期，并接触每一时代若干重要部门问题，由磨石头的彩陶时代起始，到现代原子能应用为止，直接影响如绘画雕刻，间接影响如社会经济。我们实需要那么一本有充分教育价值和启示性的著述，做一般读物和中级以上教育用书。可是到目下为止，它的产生似乎还极渺茫。

原因是：从史学研究传统习惯上说来，历史变与常的重点，还停滞在军事政治制度原则的变更上，美术史中心，也尚未脱离文人书画发展与影响。换言之，即依然是以书证书，从不以物证书。漆之为物，在文化史或工艺美术史方面的重要贡献，一般学人即缺少较深刻认识，求做有计划有步骤研究，当然无可希望。

---

① 包亮，明永乐、宣德前后著名的漆器艺人。

螺甸工艺试探

这个草稿应属于古代漆工艺史部分，举例虽较简略，还有代表性，提法也较新，可供漆工艺史或工艺史参考。

作者陈列说明，某一时期漆器或镶嵌器也应分明它前后有什么联系，从发展上说才有道理，孤立即无话可说。

——作者题于原稿封套

一　螺甸工艺的前期和进展

近年来，工艺美术品展览会中，观众经常可见到一种螺蚌类镶嵌工艺品，一般多使用杂色小螺蚌，利用其本来不同色彩，及不同种类拼逗黏合而成花鸟山水，有的从赏玩艺术出发，做成种种挂屏、插屏、盘盒，有的又从日用目的出发，专做烟灰碟和其他小玩具，或精工美丽，或实用价廉，在国内外展出，都相当引人注意，得到一定好评。我国海岸线特别长，气候又温和适中，螺蚌种类极多，就原料说来，几乎取之不尽，用之不竭。因此由广东到东北，沿海各都市工艺美术研究所，对于这一部门工艺生产，如何加以发展，是个值得注意研究的问题。特别是这种取之无尽的原料，如能较好地和沿海几个都市同样富裕的童妇劳动力好好结合起来，它的前途实无限美好。将在旧有的螺甸工艺中，别出蹊径，自成一格，在赏玩艺术、实用艺术和玩具艺术生产中，都必然有广阔天地可供回旋。

在新的工艺品展览中，在文物艺术博物馆中，在人大礼堂各客室和其他公共花园及私人客厅里，我们又经常可看到用薄薄蚌片镶嵌成种种山水、花鸟、人物故事画面的挂屏、插屏、条案、桌椅、衣柜、书架及大小不同的瓶、盒、箱、匣，不论是家具用具还是陈设品，花纹图案多形成一种带虹彩的珍珠光泽，十分美丽悦目。总名叫“螺甸”器。做得特别精美的，上面还加有金银，或和金银综合使用，则名叫“金银嵌软螺甸”。若系径寸大切磨略粗蚌片镶嵌面积较大花纹到箱柜上的，名叫“硬螺甸”。这种蚌片或在玉石象翠杂镶嵌占有一部分位置，则称“杂宝嵌”。前者多精细秀美，后者却华丽堂皇，各有不同艺术成就。这些工艺品产生的年代，一般说来，较早可到唐代，已达高度艺术水平；最多的为明清两代，是全盛期也是衰落期。这个以蚌片为主的工艺品种，照文献记载，虽成熟于唐代，其实源远流长，属于我国镶嵌工艺最古老的一种。但是又和新近出现的嵌贝工艺，实同一类型，关系十分密切。因为同样是利用海边生物甲壳作为原料，来进行艺术加工，成为赏玩陈设美术品或日用品的。它不仅丰富美化了人民文化生活的内容，也代表我国工艺品一部门艺术成就，在世界美术博物馆镶嵌工艺陈列品中占有一定地位，十分出色，引人注目。

螺甸原属于镶嵌工艺一部门，主要原料是蚌壳。一般多把蚌壳切磨成薄片、细丝，或切碎成大小不同颗粒，用种种不同技术，镶嵌于铜木漆器物上，和漆工艺进展关系且格外密切。但应用和做法以及花纹图案，却又在不断发展变化中，因此于历史各个阶段里，各有不同成就。即同一时代，也常因材料不同，器物不同，艺术要求不同，做成各种不同艺术表现。例如同属明代螺甸器，大型家具如床、榻、箱、柜、椅、案和案头陈设插屏，及大小盘盒，就常常大不相同。有时甚至于把这些东西放在一处，即容易令人引起误会，以为“螺甸”若指的是这一种，其他就不宜叫作螺甸。也有器物大小差别极大，加工技法艺术风格又极其相近的。前者或出于地方工艺特征，例如山西、北京、苏州、广东生产就不一样。即或采用的是同一主题画，山西用大蚌片在木制衣箱柜门上镶嵌大折枝牡丹图案，底子不论红黑，一般多不推光，花样也以华丽豪放见长。至于苏式条案，这一丛牡丹花却多做得潇洒活泼，具迎阳含露清秀媚人姿态，漆面且镜光明澈可以照人。至于用小说戏文故事题材做的小件盘盒，艺术风格不同处就格外显明。但也有由于个人艺术成就特别突出，影响到较多方面较长时期生产，令人一望而知这是某某流派的。例如明代苏州艺术家江千里，一生专以做金银嵌软螺甸小件器物著名，小只寸大杯子，三寸径小茶碟，大不过径尺插屏盒子。并且特别欢喜做《西厢记》故事（有的人且说他一生只做《西厢记》

故事），由于艺术精深，影响到明清两代南方螺甸制作风格，大如床榻、桌案，小如砚匣、首饰箱、杯盘，形成“江千里式”。和张成杨茂做的剔红漆器，杨埙做的描金倭漆，都同样产生极大影响。除此以外，还有个时代因素，也影响到生产器物和艺术风格。比如唐代铜镜背面和琵琶、阮咸背面，都有螺甸做成的，以后即少见。清代到乾隆以后，玻璃镜子和其他小幅插屏画绣，都流行用广做螺甸框子，因此京苏也多仿效。道光以后，卧室堂房家具流行红木嵌螺甸，因此广东、苏州产生大量成分螺甸家具。从镶嵌工艺应用范围说来，我们还没有发现历史上另外尚有比螺甸工艺在应用上更广泛的。

我们若想知道这部门工艺美术品种较详悉，明代漆工艺专书《髹饰录·坤集》内中曾记载下许多不同名目，反映得相当具体。明代权巨严嵩被抄家时，还留下个家产底册，名叫《天水冰山录》，也列举了好些螺甸家具材料。若把这两个文献记载，结合故宫现有大量螺甸器和其他大博物馆收藏实物，以及被帝国主义者豪夺巧盗流失海外实物图片加以综合，有关这部门工艺美术知识，显然即将丰富扎实许多。

螺甸工艺的起源和进展，与蚌器的应用分不开。由应用工具进而为艺术装饰，又和玉石情形大体相同，都可说是“由来已久”。所以在镶嵌工艺中，名称虽不古，事实上出现却较早于其他镶嵌工艺。因为蚌器的应用，是在新石器时代，已成为某些地区某些部落当成利于刮削简便合用辅助工具的。锯类的出现，有两个来源：在西北某些地区为细石片镶嵌于骨柄上做成，中原或南方某些地区，最早便是用蚌壳做成。由于原料易得，因此在新石器时代，成为辅助生产工具。由于光泽柔美，且容易处理，因此在青铜时代，有机会和玉石同样，转化为镶嵌装饰工艺原料，施用于建筑和其他器物方面。这自然只是一种“想当然尔”的说法，唯和事实相去必不太远。

试从出土古文物注意，我们即得知殷商时，由于青铜工艺的进展，雕文刻镂的工艺，也随同工具的改变而得到长足进展，代替了延长数千年的彩绘艺术，而做出许多新成就。青铜器母范代表了当时刻镂工艺的尖端。此外骨类的刻镂成就，也比较突出。玉石用双线游丝碾的做法，也是划时代成就（且直到战国，技术上犹并未超过）。为进一步追求艺术上的华美效果，利用各种不同原料的综合镶嵌艺术，因之应运而生，反映到工艺各部门，特别是几个主要部门，成为奴隶社会上层文化美学意识的集中反映。较原始的情形，我们还无知。我们能接触到的，还只是青铜文化成熟期，在青铜器上的镶嵌工艺。主要加工材料是松绿石、美玉和骨蚌片。可能还有些其他混合油漆矿物粉末彩料。为什么恰好选这几种材料做镶嵌原料？试加分析，即可知这也并非偶然事情。玉和骨蚌的性能，都是古代工人由于工具利用十分熟习的材料，而松绿石却是青铜原料一部分。这些材料有时综合使用，有时单独使用，全看需要而定。比如玉戈、玉矛、玉斧钺、玉箭镞，多是主要部分挑选青白美玉，却用青铜做柄，柄部即常嵌松绿石颗粒拼成的花纹图案。反映漫长石器时代已成过去，因而从石料中挑选出光泽莹润温美难得的玉类，加以精工琢磨，作为象征性兵器而出现。这种兵器一部分在当时也有可能还具实用价值，正如《逸周书·克殷篇》所叙述，武王当时得反戈群众和西南八个兄弟民族共同努力打败了纣王，纣王在鹿台自杀后，武王还用玄钺素钺亲自动手把这个大奴隶主的头砍下悬旗示众，表示天下归于姬周。但一般只是象征尊贵与权威，制作美丽重于实用却十分显明。还有一类主要部分全用青铜，只器身和柄部花纹图案用松绿石镶嵌的，除上述的几种兵器外，尚有一种弓形带铃器（可能是盾类装饰），随身佩带小刀及车马具和部分礼器与乐器。就中又还有完全把玉石退缩到附属地位，和松绿石蚌壳位置差不多的，例如有种大型青铜钺，刃面阔径将达一尺，中心部分有个二寸大圆孔，孔中即常镶嵌一个大小相等小玉璧，璧中有一小孔，孔中又再嵌一松绿石珠，其他柄部刃部有花纹处也满嵌松绿石。这类兵器照文献记载，是历来为最高统治者或主兵权的手中掌握，象征尊严和权威的［汉代将帅的黄钺和后来的仪锽（huáng），都由之而来］。蚌类和青铜器结合，也只是在这类斧钺中发现过。最多是在另一方面，和漆木器物的结合。

从比较大量材料分析，商代青铜镶嵌工艺，主要材料是用松绿石做成的（部分可能使用油漆混合其他矿物粉末彩料填嵌。因为兵器类有许多凹陷花纹，还留下些残余物质）。所得到的艺术效果，实相当华美鲜明。很多器物虽经过了三千多年，出土后还保存得十分完整。至于焊接药料是和后来金工那样，用明矾类加热处理，还是用胶漆类冷处理，这些问题尚有待金工专家进一步做些探讨。青铜斧钺孔中也还有用揳入法镶嵌可以活动的，从开孔内宽外窄可以知道。

从青铜器镶嵌工艺看来，它是个重点工艺，却不是唯一的孤立存在的事物。铜陶石刻容器的成形，或本于动植原形，如瓟[1]尊兕[2]觥；或本于竹木器，如簠簋[3]笾豆[4]。除容器外，当时竹木器应用到各方面也是必然事情。兵器必附柄，乐器得附架，礼器食器势宜下有承座而上有盖覆。此外收藏衣物和起居坐卧用具，都得利用竹木皮革，由于青铜工具的出现，竹木器物工艺上更必然得到迅速进展，扩大了彩绘刻镂加工的范围。镶嵌工艺使用到竹木器上，也必然随同出现或加多。用青铜作为附件的用具也会产生。至于骨蚌类用于竹木器物上增加艺术上的美观，自然就更不足为奇了。我们说骨蚌类使用于青铜器方面虽不多，一起始即和漆木器有较密切的联系，这种估计大致是不会太错的。在来源不明的殷商残余遗物中，经常发现有大量方圆骨片，一面打磨得相当光滑，一面却毛毛草草，且常附有些色料残迹。另外有种骨贝情形也多相同。若非全部都是钉附于衣服或头饰上遗物，有可能当时是胶合黏附于器物上的。而且它当时并非单独使用，是和其他彩绘刻镂综合应用的。

安阳侯家庄大墓出土遗物中，还留下二十余片高约尺余宽近二

① 瓟（bó），是古书上说的一种草，为葫芦科植物赤瓟的果实。

② 兕（sì），上古瑞兽，状如牛，苍黑，板角。其中最著名的就是太上老君的坐骑。

③ 簠簋（fǔ guǐ），两种盛黍稷稻粱之礼器。

④ 笾（biān）豆，古代食器，竹制为笾，木制为豆。古代祭祀时盛祭品的两种器具。

尺的残余彩绘花土，上面多用朱红为主色，填绘龙纹兽纹，图案结构龙纹和铜盘上情形相似，多盘成一圈，兽纹则和武官村墓大石磬虎纹极其相近（记得辉县展览时，也有这么一片朱绘花纹，时代可能比安阳的早一二世纪）。在这类材料花纹间，就还留存些大径寸余的圆形泡沤状东西，或用白石或用蚌片做成，上刻三分法回旋云文（即一般所谓巴文），中心钻一小孔，和其他材料比较，且可推知小孔部分尚有镶嵌，若不是一粒松绿石，便是其他彩料。因为一般骨笄上刻的鸟形眼孔和青铜钺上玉璧中和蚌泡中心，加嵌松绿石具一般性。

这种径寸大泡沤状圆形蚌饰，在古董店商代零散遗物中相当多，由于习惯上少文物价值，所以无人过问。既少文物经济价值，也不可能作伪。究竟有什么用处，还少专家学人注意过。考古工作者既未注意，一般谈工艺美术的又不知具体材料何在。事物孤立存在，自然意义就不多。但一切事物不可能会孤立存在。试从商代青铜器、白陶器做的尊、罍、敦（duì）、簋、盘、斝、爵等略加注意，会发现几乎在各种器物肩部，都有完全近似的浮沤状装饰，三分法云文虽有做四分的，基本上却是一个式样，才明白这个纹样在商代器物上的共通性。这些蚌片存在也并非孤立。从形状说最先有可能仿自纺轮，从应用说较早或具有实用意义，把带式装饰钉固到器物上，增加器物的坚固性。特别是在木器上使用时，先从实用出发，后来反映到铜陶上才成为主要装饰之一部门。从铜陶上得知这类圆形蚌器曾用在圆形器物的一般情形，从朱绘花上又得知用在平面器物上情形，从青铜斧钺上且知道还使用到两面需要花纹的器物上情形。

尽管到目前为止，有权威性专家，还抱着十分谨慎的态度，不能肯定那份朱绘残痕为当时彩绘漆器证明,且不乐意引用《韩非子·十过篇》中传说的朱墨相杂的漆器使用于尧舜，对于商代有无漆器取保留态度。但事实上漆的应用，却必然较早于商代，而成熟于新石器时代，由长时期应用而得到进展的。

在新石器时代或更早一些，人类和自然斗争，由于见蜘蛛结网得到启发，学会了结网后，捕鱼狩猎加以利用，生产方面显然得到了一定进展。用草木纤维做成的网罟类，求坚固耐久，从长期经验积累中，必然就会发现，凡是和动物血浆接触，或经过某种草木液汁浸染过的，使用效能即可大增。这类偶然的发现，到有意识的使用，成为一定知识，也必经过一个时期。此外石器中由小小箭镞到大型石斧，都必须缠缚在一种竹木附件上，使用时才能便利，求缠缚坚固，经久不朽，同样要用血浆和草木液汁涂染。漆的发明和应用，显然即由于这种实际需要而来。至于成为艺术品还是第二步。这也正和我们蚕桑发明一样，如《尔雅》叙述，古代曾经有个时期，为驯化这种蠕虫，桑、柞、萧、艾等不同草木均曾经利用过。后来野生蚕只有柞蚕，家养蚕以桑蚕为主，同样是经过人民长时期共同努力的结果，不可能是某某一人忽然凭空发明。漆的发明过程也不例外。

所以我们觉得，在青铜文化高度发达的商代，还不会使用漆器，漆工艺还不能得到相应进展，是说不过去的。它的发明与应用只能早于青铜工艺成熟期，而不可能再晚。

商代这种圆泡状蚌饰，大致有两种不同式样，一种作式，一

种作式，形状不同由于应用不同。前者多平嵌于方圆木漆器物上，或平板状器物上，后者则嵌于青铜钺上。现存故宫和其他博物馆这类蚌器，在当时使用，大致不出这两个方面。这是目前所知道的较早螺甸。

这个工艺在继续发展中，从辛村卫墓遗物得知，圆泡状蚌饰还在应用，另外且发现有嵌成长方形转折龙纹的。又这时期当作实物使用的蚌锯蚌刀已较少，只间或还有三寸长蚌鱼发现，和玉鱼相似，或直或弯，眼部穿孔，尾部做成薄刃，有一小切口，还保留点工具形式，事实上只是佩带饰物。玉鱼到春秋战国转成龙璜，蚌鱼便失了踪。失踪原因和其他材料应用有关，和生产进展有关。

文献中材料涉及螺甸较重要而具体的，是《尔雅》兵器部门释弓矢，说弓珥用玉珧为饰。考古实物似尚少发现。从其他现存残余文物中，也未见有近似材料可以附于弓珥的。事实上蚌类器材饰物在春秋战国时已极少使用，主要原因是由于社会生产进展，工艺上应用材料也有了长足进展。金属中的黄金，在商代虽已发现薄片，裹于小玉璧上，到这时，却已把这类四五寸阔薄片，剪成龙凤形象，捶成细致花纹，使用于服饰上。又切镂成种种不同花纹，镶嵌于青铜器物上，较早还只在吴越特种兵器上出现，随后则许多地方都加以应用，大型酒器也用到。人民又进一步掌握了炼银技术，做成半瓢形酒器，或和黄金并用，产生金银错工艺。又学会发明了炼砂取汞的技术，因此发明了鎏金法。并能把金银做成极细粉末，用作新的彩绘原料。雕玉方面则由于发现了高硬度的碾玉砂，不仅能切割刻镂硬度较高光泽极美的玉石，且能把水晶玛瑙等琢磨成随心所欲的小件装饰品。到战国以来，由于商品交易扩大范围，中原封建主为竞奢斗富，不仅能用南海出的珍珠装饰于门客的鞋上，并且还可以由人工烧造成各种彩色华美透明如玉的琉璃珠，作为颈串或镶嵌到金铜带钩及其他日用器物上去。有的且结合种种新发现材料，综合使用，做成一件小小工艺品，如信阳辉县等地发现的精美带钩，见出当时崭新的工艺水平。相形之下，蚌类器材在装饰艺术中，可说已完成了历史任务，失去了原有重要位置，由此失踪就十分平常而自然了。

二　螺甸工艺的进展

螺甸工艺在美术中重新占有一个位置，大致在晋南北朝之际，而成熟于唐代，盛行于唐代。特别是在家具上的使用，或在这段时期。直延续到晚清。

照文献记载，则时代宜略早一些，或应在西汉武帝到成帝时，因为用杂玉石珠宝综合处理，汉代诗文史传中均经常提起过。宫廷用具中如屏风、床榻、帘帷、香炉、灯台和其他许多东西，出行用具如车辇、马鞍鞯……无不有装备得异常奢侈华美价值极高的。出土文物中，也发现过不少实物可以证明。例如故宫所藏高过一尺半径过一尺的鎏金大铜旋，器物本身足部和承盘三熊器足，就加嵌有红绿宝石和水晶白料珠子等。其他洛阳各地出土器物，镶嵌水晶、松绿石和珠玉的也不少。前几年，江苏且曾发现过一个建筑上的黑漆大梁板，上嵌径尺青玉璧，璧孔如嵌一径寸金铜泡沤，上还可承商代斧钺衔璧制度，联系近年洛阳西汉壁画门上横楣联璧装饰，可以对于《汉书》中常提过的汉代宫殿布置“蓝田璧明月珠”叙述，多有了一分理解，得到些崭新形象知识，为历来注疏所不及。汉代官工漆器物中，除金扣黄耳文杯画案外，又还有剪凿金银薄片成鸟兽人物骑上舞乐，平嵌在漆器上的。金银、珠玉、松绿石、红宝石、水晶、玛瑙，以及玳瑁，均有发现，唯蚌片实少见。主要原因不是原料难于技术加工，可能还是原料易得，不足为奇。

杂宝嵌工艺在晋南朝得到进展，大致有三个原因：一出于政治排场，晋《舆服志》《东宫旧事》《邺中记》《南齐书·舆服志》，即有一系列关于这方面的记载。二出于宗教迷信，由《三国志·陶谦传》到《魏书·释老志》《洛阳伽蓝记》和王劭《舍利子感应记》，及南北史志传中许多记载，都提到这一历史阶段，由于南北统治者愚昧无知，谄佞神佛，无限奢侈糜费情形，魏晋时托名汉人遗著几个小说，和时代相去不多的《神仙传》《拾遗记》，内容所载人物事迹虽荒唐无稽，美而不信，但记载中有关服食起居一部分东东西西，却和汉代以来魏晋之际物质文化工艺水平有一定联系，不是完全子虚乌有，凭空想象得出。三为豪门贵族的竞奢斗富的影响。如《世说·汰侈篇》及南北史志传记载，和当时诗文、歌咏，无不叙述到这一时期情形。西晋以来，工艺方面进展的重点似均在南方。如像绿色缥青瓷的成熟，绿沉漆的出现，纺织物则紫丝布、花練、红蕉布、竹子布，无不出于南方。北方除西北敦煌张骏[1]墓的发掘，传说曾出现过大量玉器，且有玉乐器、玉屏风等物出土，此外似只闻琉璃制作由胡商传授，得到新的进展，大有把玉的地位取而代之之势。夹纻漆因做大型佛像，也得到发展。其余即无多消息。关于雕玉，南方更受原料来源断绝影响，不仅无多进展，且不断在破坏中。如金陵瓦棺寺天下闻名三绝之一的玉佛，后来即不免供作宫廷嫔妃钗鬟而被捶碎。加之由于神仙迷信流行，用玉捣成粉末服食可以长生的传说，成为一时风气，葛洪启其端，陶弘景加以唱和，传世玉器因此被毁的就必更多！（这也就是这一时期南北殉葬物中均少发现玉器另外一个原因。）当时琉璃已恢复生产，而且得到进一步发展，由珠子和小件璧环杯碗而做成屏风和能容百余人的“行殿”，也可说即由于代替玉的需要而促成。当时豪族巨富如石崇，虽说聘绿珠做妾，用珍珠到三斛。另一妾翾（xuān）风，则能听玉声，辨玉色，定品质高下。但和王恺斗富争阔时，提及的却是紫丝布、珊瑚树一类南方特产。且力趋新巧，以家用待客饮食器物，能够全部是琉璃做成为得意（这种琉璃碗有时又称云母碗，专为服神仙药而用。近年在河北省景县封氏墓曾出土两件）。

外来文化的影响，也起了一定作用。因为许多杂宝名目虽然已经常在汉代辞赋中使用，至于成为一般人所熟习，还是从佛经译文

① 张骏，西汉常山王张耳的十九世孙，五胡十六国时期前凉君主。

中反复使用而来的，六朝辞赋中加以扩大，反映虽有虚有实，部分大致还是事实。例如常提到的兵器鞍具、乐器和几案屏风的各种精美镶嵌，大致还近事实。使用材料且扩大到甲虫类背甲、翅膀，日本收藏文物品中，就还留下个典型标本。蚌片镶嵌既有个工艺传统，且光彩夺目，原料又取之不尽，且比较容易技术加工，和漆工艺结合，并可得到较好艺术效果，螺甸重新在工艺品中占有一个位置，就不是偶然而是必然了。

它产生、存在，而实物遗存可不多，大约有三个原因：一、由于和日用漆木器结合，保存不容易。二、由于和宗教结合，历史上好几次大规模毁佛，最容易遭受毁坏。三、由于当时生产即属特种工艺品，产量本来就不大。七弦琴多称金徽玉轸，事实上琴徽最常用的是螺甸，这种乐器恰好就最难保存，何况其他特别精美贵重器？《北史》称魏太后以七宝胡床给和尚，照佛经记载，七宝中必包括有“车渠”，车渠即大蚌类。

唐代把螺甸和金银平脱珠玉工艺并提，一面征调天下名工，做轮番匠至长安学习传授技术，一面又常用法律加以禁止，认为糜费人工，侈奢违法。两者都证明这个工艺品种是属于特种高级工艺而存在的。在一般制造为违法，宫廷生产却无碍。特别是用法令禁止，恰好证明它在民间还有生产，而且相当普遍，才需要用法令禁止！

从现存唐代镶嵌工艺品比较分析，以及部分遗存唐代实物螺甸镜子乐器和其他器物艺术成就分析，我们说在这个历史阶段是中国螺甸工艺成熟期，大致是不错的。正仓院几件遗物和近来国内出土几件镜子和其他器物，证实了我们这个估计。和当时佞佛关系密切，杂宝镶嵌的讲经座，《杜阳杂编》即叙述得天花乱坠。这个书记载虽多美而不信，但从另外一些文献，如韩愈《谏迎佛骨表》及间接形象反映，如敦煌壁画初唐到晚唐各种维摩变讲经座，各种佛说法图经座中镂金布彩情形看来，《杜阳杂编》有关这部分叙述，倒不算过分。实物材料之难于保存，还是和前面说到的几个原因分不开。主要大致还是其中第二个，会昌毁佛和五代毁佛，几次有意识的大变动，因之保留不多。

有关这一阶段的螺甸花纹，过去可说无多知识。不过一切东西不可能是在孤立情形下产生的，螺甸花纹图案也不例外，必然与其他镶嵌工艺有一定联系。如鸾含长绶、串枝宝相、鹊踏枝、高士图、云龙，一般工艺图案都惯常使用，螺甸也不例外。唐代镶嵌工艺图案有它活泼的一面，也有它板滞的一面，镜子是个最好的例子。金铜加工由于处理材料便利，就显得格外活泼，螺甸受蚌片材料限制，不免容易板滞。这自然也只是相对而言。克服由于材料带来的困难，得到更新的进展，似在宋明间，特别是明代约三百年，江南工人贡献大而多。

这个工艺进展若从分期说，应说是第三期。清初百年宜包括在内。

三　螺甸工艺的全盛期

宋代生产上的进展，影响到工艺普遍进展。许多日用工艺品不一定比唐代精，可是却显明比唐代普遍，陶瓷是个显著的例子。其次是丝绣。再其次就是漆工艺。唐代漆艺以襄州所产“库路真”为著名，照《唐六典》记载有“花纹”和“碎石纹”两种。“库路真”，究竟是某种器物名称，如鞍具或奁具，还是漆器中某种花纹（如犀皮中剔犀或斑犀，或如东邻学人推测，与狩猎纹有关），是个千年来未解决的问题。但唐人笔记同时还说到，襄样漆器天下效法。既然天下效法，可见后来已具普遍性，技术加工和艺术风格，总还可从稍后材料中有些线索可寻。敦煌唐画有作妇女捧剔犀漆画雕剑环如意云的，是否即其中之一种？又传世画宋人《会乐图》，从装束眉眼服装看来为唐元和时装，筵席间也有近似玳瑁斑漆器。从各方面材料加以分析，库路真器有可能和犀皮漆描金漆两种关系较深。宋代临安漆器行中即有金漆行与犀皮行，可说明两个问题：一是分行生产，反映生产上的专业化。二是产量必相当多，在当时已具有普及性，不是特种工艺。

至于螺甸，则大致还属于特种产品。两宋人笔记和其他文献记漆事的甚多，有三个记载特别重要：一是《大金吊伐录》中几个文件，有个关于金军围城向宋政府需索犒军金银，宋政府回答，宫中金银用器已聚敛尽罄，所用多漆器。说明当时宫廷中除金银器外，必大量使用漆器。另一文件是贿赂金兵统帅礼物的，中有珍珠嵌百戏弹弓一具。证明正仓院藏唐代百戏弹弓，宋代还有制作，并且是用珍珠镶嵌而成。二是《武林旧事》记南宋绍兴年间高宗到张俊家中时，张家进献礼物节略，较重要的除织金锦明明为特种高级纺织物，还有两个螺甸盒子，用锦缎承垫。其所以重要或不仅是螺甸器，可能盒中还贮藏珠玉宝物。但特别指出螺甸，可见必然做得十分精工。三是南宋末贾似道生日，谄佞者进献螺甸屏风和桌面，上做贾似道政绩十事，得知当时寿屏已有用本人故事做题材应用的。详细内容艺术安排虽不得而知，但从宋时屏风式样、唐代金银平脱琴、螺甸镜人物故事处理方法和元明间螺甸漆门几案插屏柜等布置人物故事方法，及宋元人物故事绘画习惯，总还可得到一种相对知识。

至于唐宋以来螺甸重新得到抬头机会，重新在美学上产生意义，另外有个原因，即由于珍珠在这个时期已成艺术中重要材料。宋代宫廷从外贸和南海聚敛中收藏了大量珍珠，照《宋史·舆服志》记载，除珠翠做风冠首饰，椅披到踏脚垫子也用珍珠绣件。有个时期将多余珠子出售于北方时，数量竟达一千多万粒。珍珠袍服衣裙马具也常见于记载。直到元代，贵族还常赐珠衣。珍珠既代表珍贵和尊贵，在美学上占有个特别位置，螺甸因之也重新在工艺品中得到位置，而且应用日益广阔。

元明间人谈漆艺较具体的为《辍耕录》,《辍耕录》叙漆器做法，计四部分，黑光、朱红、鳗水、戗金银诸法，而不及螺甸。《髹饰录·坤集》,填嵌第七中即将“螺钿”列一专目，称一名“蜔嵌”,一名“陷蚌”,

一名“坎螺”。又有“衬色蚵嵌”,雕镂第十又另有“镌蚵”,既属雕镂，则可知还是从唐代做法而来。又斒斓第十二，子目中还有综合做法，如“描金加蚵”“描金加蚵错彩”“描金错洒金加蚵”“描漆错蚵”“金理钩描漆加蚵”“金双钩螺钿”“填漆加蚵”“填漆加蚵金银片”“螺钿加金银片”等等不同做法。

《天水冰山录》所载漆家具器物中属于螺甸的有“螺甸雕漆、彩漆大八步等床”“螺甸大理石床”“堆漆螺甸描金床”“嵌螺甸有架亭床”。仅仅床榻大器即有这么许多种，其他可知。

通俗读物《碎金》，也记载有许多名目，不及螺甸。《格古要论》里也说及一些问题。作者曹昭虽在明初，补充者王佐时代实较晚。王佐曾官云南，因之有关云南剔红漆艺较熟悉。谈螺甸品种较详细的还是《髹饰录》里坤集中部分记载，由此得知，明代实螺甸漆制作全盛期。但现在部分时代不甚明确遗物,却显明有些实由宋元传来。

明人笔记称元末明初南京豪富沈万三家中抄没时，有许多大件螺甸漆器多分散于各官司里，大案大柜的制作，不计工本时日，所以都特别精美。又《天水冰山录》记权臣严嵩被抄家时，家具文物清单中，也有许多螺甸屏风床榻。当时实物虽难具体掌握，但从现存故宫一个大床和几个大案，历史博物馆几个大柜和长案木器等看来，还可知道明代螺甸家具艺术上基本风格，技术上加工不外两式：有用大片蚌片嵌大丛牡丹花树的，多不加金银，通称硬螺甸，历史博物馆所藏的几个大黑漆木箱，可以作为代表。黑漆不退光，黯沉沉的，花朵布置也比较犷野，装饰气魄和元明间青花瓷图案还相近，制作时代可能亦相去不多远。数量不怎么多，生产地有说出于山西绛州，无正面可靠证据，但也缺少反面否定证据。另有一式即历博所藏大柜大案和故宫在新中国成立后接收的一架大床，以及另外收购几个长案，多用金银嵌细螺甸法，通称软螺甸，做人物故事楼台花鸟，精工至极。部分且用飘霞屑金蚌末技法，并用大金片做人物身体。构图布置谨严细致，活泼典雅。八尺立柜，丈余长案，人物不过寸许，不仅富丽堂皇，也异常秀美精工，可称一时综合工艺登峰造极之作。唯时代过久，因之部分金片多已脱落，修补复原不免相当困难。

传世江千里金银嵌软螺甸，做小插屏匣盒及茶托酒盏，加工技法或即从之而出，时代则显明较晚。这些大件器物的其中一部分，是否即明人所说元明间沈万三家中物？或同样出于江西工人所做，原属严家器物？实有待进一步从器物中花纹图案，特别是人物故事题材设计加以分析比较。但有一点可以肯定，即这类工艺进展，显然和南方工艺不可分。因为《髹饰录》作者生长地嘉兴西塘杨汇，是南方漆工艺集中处，工匠手艺多世传其业，这个书的写成，乾集部分内容虽可能本于宋人朱遵度《漆经》，坤集做法品种实反映元明成就。

从加工技术说，剔红、斑犀、刷丝、戗金、雕填、螺甸，各有不同特征，比较上金银嵌软螺甸工艺特别复杂，因此传世遗物也较少。唯从艺术成就而言，则比明代宫廷特别重视的果园厂剔红成就似乎还高一些。

四　十八九世纪的商品生产

到十七八世纪由康熙到乾隆的百年时间，漆工艺普遍得到进展，唯重点或在四个部门：剔红、泥金银绘、五彩戗金雕填和剔灰。主要是宫廷中的剔红器，料精工细，成就就格外显著。大件器物且有高及丈余的屏风和长榻大案。其次是描金和雕填，大如屏风，小如首饰箱、镜匣、盘盒，也无不做得异常精美。特别是泥金用“识文隐起”法制作的盘盒类，达到高度艺术水平。花纹图案和器形结合，成就格外突出，为历史所仅见。第三即犀皮类多色“斑犀”和“绮纹刷丝”，和雕填描金相似，举凡《髹饰录·坤集》中所提到的各种综合加工品目，差不多都在试制中留下些精美遗产，现在大部分还收藏于故宫。第四是产生于明清之际一种“剔灰”漆，以大件屏风和条案占多数，中型圈椅、交椅、香几，则多反映于明清之际画像中。一般多黑漆剔出白地，主题部分山水人物花鸟为常见，也作博古图，边沿则用小花草相衬。北京山西均有制作。技术流传到如今还有生产，多供外销。至于螺甸漆，在和明代或清初成品比较下，工艺成就不免有些下降，并未突破江千里式纪录。但有了一点新的发展，为其他漆工艺所不及，即和其他新的工艺结合，以新的商品附件而出现，生产数量日有增加，生产品种也随之越来越多。并由此应用风气，重新扩大到家具方面，成为十九世纪高级家具主流。例如由于玻璃镜子的出现，结束了使用过两千多年圆形铜镜的历史使命，出现了一二尺长方挂式银光闪闪的玻璃镜和七八尺高屏风式大穿衣镜。较早还只限于贡谀宫廷而特制，过不多久，即成高级商品。这类新产品的镜框座架，一般多用紫檀、鸂鶒、花梨、红木等镶螺甸做成。自鸣钟来自海外，不多久广州、苏州均能仿造，外边框盒部分，除鎏金和广珐琅装饰，也流行用螺甸装饰。此外用平板玻璃做材料，在反面用粉彩画人像或山水花鸟画，以及时间稍晚，用百鸟朝凤做主题画的广东绣双座案头插屏和其他陈设品，几乎无不使用硬木螺甸框架。总之，到了十九世纪初叶，凡是带一点新式仿洋货的工艺品和高级用品，用得着附件时，即有螺甸出现。即通常日用品如筷子羹匙，也有螺甸漆木制成的。从数量品种说，实达到了空前需要。至于装饰花纹，广式串枝花为常见，附于贵重器物上为宫廷特别制作的，间或还具清初工艺规格，用金银嵌软螺甸法。至于一般性商品制作，即不免结构散乱，花叶不分，开光折枝艺术性也不怎么高，有的且相当庸俗。主题画面采用明清戏文故事版画反映的，由茶盘发展而成烟盘，工艺精粗不一，章法布局已不及明清间同样主题画精细周到。这也正是一切特种工艺转成商品后的必然情形。道光以后，这部门工艺又发展到一般中上层家庭使用成堂成套硬木家具上，成为达官贵人家中一时时髦事物。这类硬木家具，多用灰白大理云石或豆沙色云石做主要部分镶嵌，边沿则从上到下满嵌螺甸，大如架子床、带玻璃镜衣橱、条案、八仙桌、杨妃榻、炕床、梳妆台、独腿圆桌、两拼圆桌、骨牌凳、太师椅、双座假沙发，无不使用到。北京颐和园和历史博物馆，就还各自留下许多这类家具器物，代表这一时代工艺成就。且有为当时新式特别会客厅专用高及一丈五尺，宽过二丈开外镜橱，除八面方圆镜子，其余全部镶嵌螺甸花鸟草虫的。

此外即由于帝国主义的侵略，有意毒化全中国人民，鸦片烟在中国流行后，约半世纪中，在贵族客厅，达官衙署和有帝国主义借通商为名强占的租界区内，新式旅馆和大商号中，社会风气无不用鸦片烟款待客人，邀请客人上炕靠灯，几乎和解放前敬奉客人烟茶情形相似。吸烟必有一份烟具，除枪灯外，即搁置备用烟斗高二三寸长约尺余的斗座和承受一切烟具的长方烟盘，比较讲究的，也无不用硬木螺甸器做成……

由于生产各部门对于螺甸器的需要，因此这部门工艺，在十九世纪中国逐渐进入半殖民地化过程中，百业凋敝不堪情况下，反而得到广大市场，呈历史空前繁荣。部分关心特种工艺的朋友，谈及螺甸工艺进展时，常以为进入十八世纪，这部门生产即因原料供应不及而衰落，若所指仅限于明代特种高级工艺品江千里式金银嵌软螺甸器，是不怎么错的，若泛指一切螺甸器，却大都是把这种种全忽略过去了。事实上三千年来螺甸应用上的广泛和数量上增多，十九世纪的生产，可说是空前无比的！这是螺甸工艺的尾声，也反映帝国主义侵略势力打进中国大门以后，中国特种工艺生产所受影响格外显著的一个部门。它的真正衰落与结束则和延长数千年的封建腐朽政权一道，于太平天国反帝反封建革命到辛亥革命三四十年中。

五　螺蚌类在其他方面的应用

螺蛳、蚌壳和贝类，在螺甸镶嵌工艺以外，作为珍贵难得的材料加以利用，历史上比较著名的一件事情，是《逸周书》中提起过的“车轮大蚌壳”和有朱鬣的白马，同认为天下难得之物，当时作为贿赂，把周文王救了出来，免遭纣王毒手，在政治史上起过一定作用。商代遗物中则经常发现有一二寸径花蚌蛤，上面用棕红粉白颜料，绘画些齿纹水纹图案，这些东西在当时是纯粹玩具，还是一种内贮油脂类化妆品用具，已不得而知。《周礼》称古代贵族埋坟，必用蜃粉封闭，即烧制大蛤作灰而使用。实际材料似乎还少发现。唯近年来出土楚墓多有在棺椁外用一厚层白膏泥做封土的，隔绝了内外空气和其他有机物侵蚀，墓中许多文物因之而保存下来，或即循古礼制一种代替材料做法。汉代人则用“车渠”琢成各种器物。车渠是一种甲壳极厚的大蚌，琢成器物多作哑白色，切割得法打磨光莹也有闪珍珠光泽的。直到明清，还流行用来制作带钩和帽顶，并且清代还成为一种制度，官僚中较低品级必戴车渠顶。唐代人欢喜饮酒，又好奇，因此重视海南出产红螺杯、鹦鹉螺杯，诗人即常加以赞美。明清到近代还继续使用，唯一般多改作水盂和烟灰碟，再也想不到这东西过去就是诗人所赞美的贵重酒器了。又本于印度佛教习惯，举行宗教仪式，常用大玉螺作为乐器，通称“法螺”。敦煌唐代壁画即有反映。后来喇嘛教沿袭使用，且成为重要法器，明清以来制作精美的，边沿还多包金嵌宝。左旋螺则因稀有难得而格外贵重。由于宗教迷信，和其他几种器物并提，通称“八吉祥”或“八宝”。除实物在宗教界看得十分重要，还反映到千百种工艺品装饰纹样中。又兄弟民族中也有把这种法螺代替号角，用于军事上和歌舞中的，如唐代白居易诗记骠国乐，乐队中就有吹玉螺的。

贝类商周除天然产外，还有骨、玉、铜和包金的种种。或作为商品交换中最早的钱币，或用于死亡者口中含殓，或作为其他人身装饰品和器物镶嵌使用。古诗中有“贝胄朱綅（qīn）”语，则显然在周代还有用红丝绳串连装饰在武将甲胄上，表示美观象征权威尊严的。从近年发现云南滇人遗留文物中大量贝类的发现，又得知西南地区，到西汉时还用它作为货币使用。直到晚清，南方小孩子所戴风帽，用贝作为坠子，也还常见。蒙藏妇女，则至今还有把小贝成串编排于辫发上，当成难得装饰品的。汉代又流行一种贝制卧鹿形玩具，用大玛瑙贝作鹿身，用青铜作鹿头脚，大耳长颈，屈足平卧，背部圆润莹洁，且有点点天然花斑，十分秀美。《史记·封禅书》说，汉代方士喜宣传海上三山，上有白色鸟兽，长生不死。乐府诗亦有仙人骑白鹿语。金银错器上还有仙人驾双鹿云车反映。这类用大贝做的鹿形工艺品，可能也即产生于武帝时代，由于仙人坐骑传说而成。

三国时曹植和其他文人均作有《车渠碗赋》，文字形容显得光泽明莹，纹理细密，和缠丝玛瑙极相近。近年山东鱼山曹植墓出土文物中除一个金博山冠饰外，还有一套玉佩，一个青精石器和一个小小圆盏式玛瑙佩饰，和文章形容极相合。可证明前人说车渠为宝石之一种，还有一定道理。用海蚌类做车渠时代必比较晚些。

出版说明

沈从文先生自1949年后彻底停止了文学创作，转行于历史文物研究，把满腔爱与美的热忱投入到六千年间的中华文物上，专注地和坛子、罐子、绸子、缎子打了近四十年交道，取得了卓越的成就。《古衣之美》《古物之美》即是从沈从文先生文物研究的著作中选取的以“古衣”和“古物”为主题的文章结集。两本书在选编过程中，参考了《沈从文全集》之28—31卷，《中国古代服饰研究》《龙凤艺术》《古人的文化》等书。在编辑过程中，为了尊重并保持作品的原貌，除了改正个别错字及错误的标点符号外，其他内容一律不作改动，特此声明。

图书在版编目（CIP）数据

古物之美 / 沈从文著 .—南昌 : 江西人民出版社 ,

2019.1

ISBN 978-7-210-10759-0

Ⅰ . ①古… Ⅱ . ①沈… Ⅲ . ①文物—中国—文集 Ⅳ . ① K870.4-53

中国版本图书馆 CIP 数据核字（2018）第 199535 号

古物之美

沈从文 / 著

责任编辑 / 冯雪松

出版发行 / 江西人民出版社

印刷 / 河北鹏润印刷有限公司

版次 / 2019 年 1 月第 1 版

2019 年 1 月第 1 次印刷

开本 / 880 毫米 ×1230 毫米　1/32　9.5 印张

字数 / 220 千字

书号 / ISBN 978-7-210-10759-0

定价 / 68.00 元

赣版权登字 - 01 - 2018 - 716